FINANCE D'ORIENT, FINANCE D'OCCIDENT

UNE APPROCHE COMPARATIVE

5-7, rue de l'École-Polytechnique ; 75005 Paris

www.harmattan.fr
diffusion.harmattan@wanadoo.fr

ISBN : 978-2-343-09126-6
EAN : 9782343091266

Mondher CHERIF

Finance d'Orient, finance d'Occident

Une approche comparative

L'HARMATTAN

Du même auteur

- Ingénierie financière et *private equity*, Banque Edition, 2004.
- L.B.O : aspects financiers, Banque Edition, 2005.
- Capital-investissement et création de valeur (avec S. Dubreuille), Pearson Éducation, 2005.
- Les techniques modernes d'évaluation des entreprises, Ellipse, collection Optimum, 2007.
- Les taux d'intérêt, Banque Édition, 2008, deuxième édition.
- Le capital-risque, Banque Édition, 2008, deuxième édition.

Sommaire

Introduction générale

La dernière crise financière a attiré l'attention sur la finance islamique en tant que système alternatif d'intermédiation financière. Longtemps restée marginale, elle connaît aujourd'hui un essor fulgurant, qui amène à se poser la question de savoir quelle est sa nature et comment elle fonctionne réellement. Dans son dernier rapport présenté lors la dixième édition du Forum mondial sur la finance alternative, Standard & Poor's (S&P) a estimé le volume de cette industrie financière à 1 800 milliards de dollars en 2015, avec une croissance moyenne de 17 % sur les cinq dernières années. Lors d'une conférence sur la finance islamique organisée par le Fonds Monétaire International (FMI) et la Banque Centrale du Koweït en novembre 2015, Christine Lagarde, la directrice générale du FMI a souligné que « *la croissance rapide de la finance islamique peut devenir un facteur de stabilité en raison des notions de partage du risque et d'échanges basés sur des actifs tangibles donc entièrement garantis* ». Elle a noté que le modèle de la banque islamique basé sur le partage des pertes et des profits permet « *d'atténuer le risque de contagion dans le cas d'une crise bancaire comme celle des* subprimes ».

D'après les données du FMI, près de 40 millions de musulmans, sur une population totale de 1,6 milliard à travers le monde, sont des clients de la finance islamique. L'attractivité des investissements conformes à la *charia* (loi islamique) ne se dément plus. Ainsi, S&P prévoit une hausse exponentielle des actifs sous gestion qui atteindront les 3 000 milliards de dollars en 2020. Cette augmentation est tirée par une demande croissante pour les produits et services conformes à la *charia* de la part d'investisseurs institutionnels et privés musulmans mais pas seulement, transformant l'expansion de la finance islamique en un phénomène global. À côté de sa portée géographique, cet essor a touché tous les segments, allant de la banque de détail à l'assurance islamique (takaful), en passant par les marchés financiers et les fonds d'investissement. Mais le plus frappant, c'est certainement la croissance extrêmement soutenue des émissions de *sukuks* (obligations islamiques), la forme la plus populaire des produits financiers titrisés.

La finance islamique se mondialise et ne se limite plus au monde musulman. Elle prend une place de plus en plus importante dans la sphère financière internationale comme source alternative de financement de l'économie. Elle se développe au-delà de sa zone historique (Conseil de Coopération du Golfe : CCG, Malaisie) et touche désormais le Maghreb, l'Afrique, la Russie, les États-Unis, la Chine, le Japon, l'Europe et bien d'autres régions à travers le monde. Même si des contraintes d'ordre règlementaire et fiscal mais également des considérations de risque management et un certain conservatisme, freinent encore son envol, il existe clairement une tendance à un recours croissant à cette finance éthique pour répondre aux besoins de clients exigeants à la recherche d'instruments de placement et de financement conformes à leurs croyances religieuses, ou simplement pour diversifier leurs portefeuilles.

Lorsqu'on demande à une personne ce que représente la banque islamique, elle répond que pour des raisons religieuses, la banque ne facture pas d'intérêt, mais qu'elle utilise « quelque chose d'autre » qui lui ressemble. Cependant, « ce quelque chose d'autre » n'est jamais vraiment défini, ni compris. Ces stéréotypes sont fréquents chez le grand public. En effet, si on prend le contrat Mourabaha par exemple, le grand public pense à un « enfumage » car il considère que la marge bénéficiaire (mark-up) prise par la banque islamique est simplement une autre forme d'intérêt admise par la « porte de derrière ». Si on utilise une terminologie islamique, telle que la Moudaraba, ou encore l'Istisna', le public non initié est là aussi complètement perdu, et pense à des montages financiers pour « camoufler » ou pour rendre « la mariée encore plus belle ».

Afin d'éclairer les sceptiques, et d'élargir la compréhension des principes de la finance et de la banque islamique, le présent ouvrage revient sur les basiques et souligne les caractéristiques du système financier islamique, en mettant l'accent sur les différences clés qui le distinguent du système financier dit conventionnel. L'intérêt de ce livre réside dans son approche volontairement comparative entre les « deux Finances » pour lever les doutes et permettre aux personnes intéressées par ce sujet très passionnant d'en saisir les fondamentaux de manière simple et rapide.

Les institutions financières islamiques (marchés financiers, banques, fonds d'investissement, assurances Takaful) remplissent globalement les mêmes fonctions que les institutions conventionnelles, mais elles le font de manière différente, dans la mesure où elles opèrent en accord avec les principes islamiques et doivent respecter les objectifs (*Maqasid*) de la *charia*. Fondamentalement, la finance islamique cherche à promouvoir une société juste et équitable, structurée autour de la fraternité et la coopération, et basée sur la participation et le partage des risques et non leurs transferts vers autrui. Les prohibitions imposées dans les transactions commerciales et financières ont pour objectif d'assurer une harmonie sociale et de protéger les intérêts et bénéfices de toutes les parties impliquées. Par exemple, les pratiques du système financier conventionnel qui imposent le paiement d'intérêts sont jugées injustes vis-à-vis des emprunteurs du fait que ce paiement doit être effectué indépendamment des revenus générés par les projets financés par la dette. En tant que système fondé sur le cadre moral de la *charia*, la finance islamique est caractérisée par des normes éthiques et des engagements sociaux. Des versets du Saint Coran et des traditions de la Sunna (Hadith ou paroles du prophète Mohamed SAAWS) constituent des guides absolus qui fournissent des filtres *halal* et *haram* pour contrôler le strict respect des normes par les différents acteurs.

Le plan de notre ouvrage est le suivant :

- Le chapitre 1 est consacré aux principes et aux règles de base de la finance islamique, ses valeurs et ses bonnes pratiques. Nous présentons les prohibitions imposées par la *charia* ainsi que les contrats utilisés dans les transactions commerciales et bancaires islamiques. Une seconde partie sera consacrée aux *sukuks*, produits structurés de « dette » islamique. Nous abordons les caractéristiques des *sukuks* et nous les comparons aux obligations conventionnelles pour mettre en lumière les différences essentielles qui existent entre les deux. Un dernier point sera consacré à l'évolution du marché des *sukuks* qui attire des investisseurs du monde entier.

- Le chapitre 2 s'intéresse à la titrisation islamique. Nous présentons les acteurs ainsi que les étapes du processus de structuration des sept principaux *sukuks* émis sur les marchés financiers domestiques et internationaux. Nous analysons les contrats conformes à la *charia* utilisés pour ces émissions, et mettons l'accent sur les risques auxquels font face les originateurs et les investisseurs. Nous abordons, au passage, les points de divergence entre les titrisations islamique et conventionnelle.

- Le chapitre 3 présente, selon une approche comparative, les fonds d'investissement conventionnels et islamiques. Nous aborderons successivement les fonds communs de placement, les Exchange Trade Funds, les fonds immobiliers et les fonds de *private equity*. Nous analyserons les indices boursiers ainsi que le processus de filtrage et de sélection (purification) utilisés par les fonds d'investissement islamiques pour rendre acceptable l'inclusion d'un actif financier dans un portefeuille ou dans un indice. Nous mettons également l'accent sur les risques uniques des opérations d'investissement islamiques.

- Enfin, le chapitre 4 aborde la banque islamique et l'assurance takaful. Nous expliquons les fonctionnements de ces institutions et les différences fondamentales qu'elles présentent avec les banques et les assurances conventionnelles. Nous analysons les contrats d'investissement et de financement utilisés par la banque islamique pour éviter l'intérêt prohibé, ainsi que les risques auxquels elle fait face. Nous consacrons une dernière partie à l'assurance takaful en plein essor dans le monde musulman.

Chapitre 1 : Les règles de base de la finance islamique

A-Principes fondamentaux de la finance islamique

1-L'avènement de la finance islamique

L'évènement notable de la finance islamique fut la création en 1975 de la Banque Islamique de Développement (BID) qui a fortement impulsé l'industrie bancaire inspirée des principes de la *charia.* Très rapidement, la première banque islamique a vu le jour aux Émirats Arabes Unis (la Dubai Islamic Bank en 1975), suivie en 1977 par la Faycal Islamic Bank au Soudan et en Égypte, par la Kuwait Finance House et par la Bahreïn Islamic Bank en 1978. L'émergence des banques islamiques a été facilitée par deux évènements majeurs :

- La troisième conférence des ministres des Affaires étrangères tenue à Jeddah en Arabie Saoudite en 1972 qui a abouti à l'abolition de l'intérêt des institutions financières. Un plan de réformes du système monétaire et financier a été lancé pour la communauté islamique en accord avec les principes de la *charia.*
- La hausse des prix du pétrole en 1973 a changé le climat économique dans plusieurs pays musulmans et a accru leurs richesses. Les pétrodollars ont facilité la création de grandes banques dans les années 70 ce qui a permis le financement du développement économique et social des pays du Golfe notamment.

À la suite de la conférence de Jeddah, plusieurs pays musulmans se sont engagés dans des réformes pour « islamiser » leurs systèmes financiers, et en particulier l'industrie bancaire. En général le processus d'islamisation peut être divisé en deux approches :

- L'islamisation globale : cette approche vise à éliminer totalement l'intérêt de l'économie. Les pays pionniers ont été le Pakistan, l'Iran et le Soudan.

- L'islamisation partielle : cette approche consiste à adopter les pratiques bancaires islamiques en parallèle avec le système conventionnel. Dans leur majorité, les pays musulmans ont adopté cette approche de coexistence de banques islamiques et conventionnelles. Ces pays sont la Malaisie, la Turquie, Bahreïn, l'Arabie Saoudite et d'autres.

En 1981, les gouverneurs des Banques Centrales des pays membres de l'Organisation de la Conférence Islamique (OCI) ont été appelés à renforcer la régulation et la supervision des institutions financières islamiques. La même année a été lancé l'Institut Islamique de Recherche et de Formation de la BID. La décennie 90 a été une période de développement rapide de la finance islamique dans les cercles académiques et des affaires en Occident. Le Forum de la Harvard Islamic Finance a été organisé en 1988 et un nombre croissant de banques conventionnelles ont créé des « fenêtres » ou des guichets de finance islamique. Durant la même période, des indices islamiques du Dow Jones et du Financial Time ont vu le jour.

À la fin des années 90, plusieurs pays ont introduit des législations pour développer le système bancaire islamique, sa régulation, sa supervision ainsi que la gestion des risques. Au début des années 2000, des *sukuks* souverains (émis par les gouvernements) et *corporate* (émis par les entreprises ou les institutions financières) ont émergé comme alternative aux obligations conventionnelles. Afin d'assurer un environnement favorable et professionnel, des institutions internationales ont été créées. L'industrie des services financiers islamiques regroupe un certain nombre d'organismes de normalisation et de publication de codes d'éthique, de règlements et de pratiques comptables avec, pour chaque institution, un mandat clair :

- Pas de chevauchement entre les mandats.

- Les institutions sont complémentaires les unes des autres à travers une coopération constructive et des actions collectives.

Le tableau 1 présente les principales institutions islamiques.

Tableau 1 : Institutions de normalisation de la finance islamique

Nom de l'institution	Siège	Date d'établissement	Mandat
AAOIFI: Accounting and Auditing Organization for Islamic Financial Institutions	Manama, Royaume de Bahreïn	26/2/1990 à Alger. Enregistrée le 27/3/1991 au Royaume de Bahreïn	Publier des standards comptables conformes à la *charia*
IFSB : Islamic Financial Services Board	Kuala Lumpur, Malaisie	Inaugurée officiellement le 3/11/2012. À lancé ses opérations le 10/3/2013	Aspects réglementaires et de supervision de l'industrie financière islamique
IIFM : International Islamic Financial Market	Manama, Royaume de Bahreïn	Opérationnel le 1/4/2002	Standardisation des produits et de la documentation de tous les contrats liés à la finance islamique
CIBAFI : General Council for Islamic Banks and Financial Institutions	Manama, Royaume de Bahreïn	Établi en 2001	Représenter globalement l'industrie financière islamique en défendant et protégeant son rôle. Mission de formation et de publication

2-Les règles et et les principes de base de la finance islamique

L'industrie financière islamique poursuit les mêmes objectifs que la finance dite conventionnelle mais elle se conforme à un certain nombre de principes fondamentaux édictés par la *charia* et qui trouvent leurs sources dans le Saint Coran et les *hadiths* (Sunna). Le droit islamique (la *charia*) est issu du texte sacré qui aborde tous les aspects de la vie des fidèles, la Sunna étant quant à elle un recueil des traditions issues des comportements et paroles du prophète Mohamed (SAAWS) et rapportées par ses compagnons. La Sunna apporte des réponses à des problématiques non abordées par le Saint Coran. À côté des sources principales, on trouve des sources secondaires ;, il s'agit de l'*ijma* (effort des jurisconsultes ou *ijtihad* pour aboutir à une règle : *ijma*) et du *qiyas* (raisonnement par analogie). Les connaissances issues de l'*ijtihad* constituent ce qu'on appelle le *fiqh*.
De ces sources découlent des principes fondamentaux qui constituent un guide pour les transactions islamiques. Les quatre prohibitions essentielles sont le *riba*, le *gharar*, le *maysir* et le *haram* :

- L'interdiction du *riba* va au-delà de la proscription de l'intérêt et cible l'enrichissement sans cause réelle. Le *riba* a deux natures. On distingue le *riba al-fadl* qui consiste à augmenter le prix d'une marchandise à la date de sa livraison, et le *riba al-nasi'*, qui se traduit par l'augmentation du prix due à un délai supplémentaire. Ces deux catégories constituent le *riba* de l'excès. Quant au *riba* de dette, il interdit définitivement le prêt à intérêt, c'est-à-dire la perception d'une rémunération sans prise de risque réelle.

- Le *gharar* concerne l'incertitude résultant d'une asymétrie d'information qu'elle soit volontaire ou non. L'incertitude est assimilée en particulier à la spéculation, à l'aléa, au hasard qui génèrent de l'ignorance (*jahl*) quant aux bénéfices ou pertes potentielles des parties prenantes dans un contrat.

- Le *maysir* correspond au concept du jeu et au hasard.

➢ Le *haram* vise quant à lui les activités économiques illicites (alcool, porc, etc.).

La finance islamique est assise sur un ensemble de principes structurants et conformes aux règles édictées par la *charia* :

- Le principe de base des opérations financières et bancaires islamiques est le partage des profits et des pertes (« PPP » ou « 3 P »). L'industrie financière islamique donne la priorité aux transactions éthiques basées sur des valeurs morales et qui présentent un intérêt général pour la société.
- Les transactions impliquant de l'alcool, des jeux et certaines autres activités sont exclues.
- La *charia* considère l'argent comme un outil de mesure de la valeur et non un bien en soi, et juge non conforme toute perception de revenu ayant pour source unique l'argent investi (ou tout autre instrument du même genre). En conséquence, les paiements d'intérêt constituent de l'usure et sont donc interdits (*riba*).
- La vente de dette (*bay'al-dayn*), de créances (sauf à la valeur nominale), les prêts et tous les types de crédits conventionnels sont interdits.
- La *charia* inclut la notion de l'intérêt général (*maslaha*). En effet, si une transaction est effectuée dans l'intérêt du public, il y a une certaine flexibilité.
- La participation (principe essentiel qui prône l'intéressement aux gains et aux pertes de toutes les parties prenantes).
- La prudence (les risques 0 % et 100 % sont prohibés, mais le risque lié à l'activité économique et non à la valeur temps de l'argent est accepté).
- La responsabilité des agents économiques (notion d'équilibre et d'équité).

- Le rattachement à l'économie réelle (*i.e.* l'existence d'un actif sous-jacent comme collatéral aux transcations).

Les transactions financières islamiques sont basées sur deux règles semblables (*al-ghunm bil-ghurm* et *al-karaj bil-dhaman*) et sur l'équilibre contractuel et le consentement mutuel entre les parties concernées. Les règles fondamentales sont les suivantes :

✓ Règle 1 **:** pas de rémunération sans risque (*al-ghunm bil- ghurm*, ce qui signifie le « partage des pertes et des profits »). Le graphique 1 illustre cette règle (Khoja, CIBAFI, 2010) :

Graphique 1 : Le risque et la règle fondamentale *« al ghunm bil ghurm »*

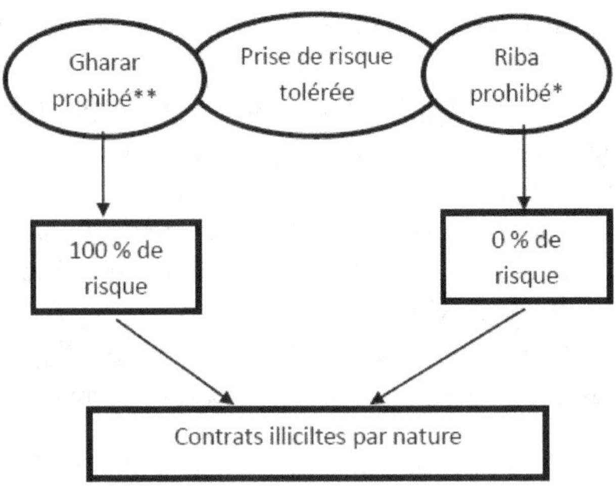

Avec :

(*) : *Riba* prohibé : le débiteur assume seul le risque (et la garantie) car il doit rembourser le capital avec un supplément fixé, et le créditeur s'assure un gain sans risque (« *la dhaman wala* *moukatara* » : ni garantie ni risque). Or, selon les principes de la *charia*, il faut les deux pour mériter le risque (« *dhaman wa karaj* » : garantie et rendement) :

- Si le créditeur choisit le *dhaman* (garantie), il fournit le capital gratuitement (don ou *qard hasan*).

- Si le créditeur choisit le *karaj* (rendement), il utilise un contrat Mourabaha ou Moudaraba par exemple.

(**) : Gharar prohibé : il s'agit d'une situation dans laquelle l'argent change de main sans création de valeur et sans connexion à l'économie réelle. Par ailleurs, seulement deux scénarios sont possibles : l'un gagne et l'autre perd ou inversement.

Le *riba* et le *gharar* rendent les contrats illicites et n'engendrent aucune création de valeur. Il en découle les principes fondamentaux suivants qui caractérisent la finance islamique :

- Pas de rendement sans risque.
- Le rendement attendu n'est pas garanti.
- Le risque existe quelle que soit l'opération de financement et / ou d'investissement.
- Le rendement « espéré » augmente avec le risque pris.

La *charia* accorde une grande importance aux bénéfices qui doivent être proportionnels aux risques pris par les parties impliquées dans un contrat. Par ailleurs, la propriété des actifs doit être établie afin d'éviter le *gharar* et l'ambiguïté quant aux responsabilités relatives à l'assurance et au fonctionnement des actifs sous-jacents aux contrats qui incombent au propriétaire.

✓Règle 2 : Pas de bénéfice sans risque de perte (*al-karaj bil-dhaman*). Toute opération de finance islamique doit respecter cet équilibre entre les parties et l'éthique des affaires, ainsi :

- L'investisseur peut gagner comme il peut perdre.
- Il y a partage et non transfert des risques.
- Le risque est lié à l'activité réelle (connexion à l'économie réelle).

La règle stipule que plus le risque (lié à l'activité réelle) augmente plus le rendement attendu augmente et inversement. Si le principe du partage des profits et des pertes est particulier, il faut noter que la règle *al-ghunm bil-ghurm* est plus générale (Khoja, CIBAFI, 2010) :

- Elle s'applique aux contrats Moudaraba et Mousharaka basés sur le principe « PPP » avec une distribution des bénéfices, tout en assumant les risques de perte au prorata de chaque participation (perte du capital et/ou du travail).
- Elle s'applique également aux contrats de vente et de l'*ijara* (*leasing*) qui ne sont pas basés sur le principe de partage des pertes et des profits mais sur le principe de rendement fixé à l'avance sur les ventes de biens ou d'usufruits. La règle s'applique aux ventes (ne pas vendre ce que l'on ne possède pas, la propriété génère des risques) et à l'*ijara* où le risque est assumé par le propriétaire (assurance (takaful), maintenance, etc.).

Enfin, il faut noter que si la liberté contractuelle est acceptée, les contrats doivent être parfaitement conformes au droit islamique sous peine d'être entachés de nullité. La validité juridique des contrats est justifiée par le Saint Coran, la Sunna, l'Ijma ou l'accord des jurisconsultes.

Nous pouvons résumer les principes et valeurs que défend la *charia* comme suit (graphique 2) :

Graphique 2 : Les valeurs universelles de la *charia*

Avec :

(1) :

- La monnaie est un moyen d'échange et non une marchandise.
- La certitude est renforcée par des actifs sous-jacents (pas de *gharar* : asymétrie d'information, incertitude, ambiguïté, désinformation, fraude, etc.).
- Prohibition du *leverage* excessif (endettement).

(2) :

- Prohibition des pratiques et activités non éthiques.
- Prohibition du *maysir*, du *riba* et de l'oppression (*zulm*).
- Équité et justice dans les contrats et les transactions.

(3) :

- Différentes relations contractuelles.
- *Equity-based* (pas d'échanges de dette (*riba*)).
- Equilibre risque/rendement (plus de discipline de marché).

(4) :

- Transparence.
- Confiance (*amana* : *fidicue* ou *trust*).
- Responsabilité.

Le tableau ci-dessous fournit une comparaison des pratiques en vigueur entre les « deux finances », conventionnelle et islamique :

Tableau 2 : Les bonnes pratiques des affaires : finance islamique *versus* finance conventionnelle

Finance conventionnelle	Finance islamique
Intérêt / Usure	Actif sous-jacent conforme à la *charia* (ABS : Asset Backed Securitization) = collatéral
Ambiguïté / Incertitude	Meilleure transparence contractuelle
Spéculation, recours aux produits dérivés, vente à découvert, etc.	Pas de vente à découvert ni dérivés ni vente à terme (sauf le cas du contrat Salam sous condition d'avancer le prix)
Profit sans risque	Partage et pas de transfert des risques
Investissements pas toujours éthiques	Bénéfice social (*maslaha*)
Endettement excessif (*leverage*)	La dette est proscrite et doit être minimale : meilleure résistance aux crises

3 – Les contrats dans les transactions islamiques

La *charia* accorde une importance cruciale aux contrats qui sont la base pour déterminer les obligations et les droits des parties concernées. Il existe une pluralité de contrats de financement et/ou d'investissement. Le partenariat des banques et des fonds islamiques avec les entrepreneurs et les investisseurs se matérialise par le financement en capital (haut de bilan) et le financement de dette (bas de bilan).

- Le financement du haut du bilan (*equity financing*) :

Concernant le haut de bilan, on distingue le partenariat de la banque islamique avec participation aux résultats, *i.e.* le contrat Moudaraba, et le partenariat avec participation dans la gestion des projets, *i.e.* le contrat Mousharaka.

- Le contrat Moudaraba constitue un outil essentiel de la finance islamique pour le financement de l'économie. La banque (*Rab Al Mal*) apporte le capital et l'entrepreneur (*moudarib*) apporte le travail et son savoir-faire (Causse-Broquet, 2012). L'apport du capital n'engendre pas de droit de regard sur la gestion de l'entreprise. À la fin du projet, la banque reprend son capital et le profit est partagé selon une clé de répartition définie à l'avance. Si le projet est déficitaire, le déficit est imputé exclusivement sur le capital, la perte du *moudarib* est limitée à l'absence de rémunération sauf faute avérée.

- Le contrat Mousharaka (partenariat actif, *joint-venture*) est proche du *private equity.* Il implique un investisseur (la banque, *Rab Al-Mal*) qui, contrairement au contrat Moudaraba, apporte le capital et le travail, et un entrepreneur qui apporte son travail et son savoir-faire et qui peut également participer au capital. Les bénéfices sont répartis entre les parties selon un ratio prédéfini. Les pertes sont supportées par les deux parties en fonction de leurs apports respectifs. La banque perçoit des revenus réguliers en étant intéressée aux résulats positifs ou négatifs du fait de son entière participation au financement du projet. Cette participation peut être permanente ou temporaire (sortie progressive de la banque ou sortie *in fine*, à la fin du projet financé). La Mousharaka dégressive s'applique par exemple aux grands projets immobiliers (*real estate*). Un certain nombre de précautions doivent être prises pour ne pas tomber sous le *riba* ou le *gharar* (rachat au prix coûtant, promesse unilatérale déconnectée du contrat Mousharaka par exemple).

➢ Le financement du bas du bilan (*debt financing*) :

On abordera ici les quatre principaux contrats de financement du bas du bilan, à savoir le contrat Mourabaha, le contrat Salam, le contrat Ijara et le contrat Istisna'.

- Le contrat Mourabaha (crédit acheteur : *cost plus financing*) : Ce contrat fait intervenir le fournisseur, la banque et son client. Il est utilisé notamment pour le crédit d'équipement, le crédit de campagne (trésorerie) ou encore le crédit à la consommation. Le bien est décrit de manière précise (*mawsouf al-dhimma*). Une demande de Mourabaha est émise par la banque sous la forme de promesse d'achat/vente. Elle est signée par les deux parties. Le financement est caractérisé par un règlement différé du client avec une marge bénéficiaire pour la banque. Le coût de revient n'est pas nécessairement connu par l'acheteur, mais le prix doit être fixé dès l'origine.

- Le contrat Salam (contrat à terme) : il se caractérise par une opération d'achat/vente immédiate de biens et services avec paiement/livraison dissociés. Le paiement est immédiat et la livraison est différée. Ce contrat couvre essentiellement les opérations d'exploitation courante.

- Le contrat Ijara : trois acteurs sont impliqués : un fournisseur, la banque islamique qui achète le bien et devient bailleur en le louant et le client qui devient locataire et paye un loyer. On distingue l'Ijara classique (location simple), l'Ijara avec agent et l'Ijara avec option d'achat (*call*). La rémunération de la banque est justifiée par le fait qu'elle porte le risque de propriété (perte, détérioration, etc.) ainsi que les engagements qui s'y attachent (maintenance, assurance, etc.).

- Le contrat Istisna' est un accord contractuel de fabrication de biens et de marchandises autorisant un paiement au comptant et une livraison future ou un paiement futur et une livraison future. Un fabricant ou un constructeur donne son accord pour produire ou fabriquer une marchandise bien définie (*mawsoufa al-dhimma*) ou un immeuble à un prix donné à une date future donnée. Le prix peut être payé en plusieurs étapes comme convenu entre les parties. L'Istisna' peut être utilisé pour permettre le financement de plantations, de projets, de construction de maison, de ponts, de routes et d'autoroutes, ou encore d'autres infrastructures (exemple des contrats de concessions BOT, Build Operate and Transfer). Dès le départ, il faut connaître la description du bien à fabriquer, son prix, le délai de livraison et les modalités de paiement. Ce contrat est une exception à la règle qui stipule l'existence de la chose objet du contrat.

4-Les spécificités de la banque islamique

Les opérations islamiques sont basées sur la conformité à la *charia* qui constitue le code juridique de l'islam basé sur le Saint Coran et la Sunna (*hadith* du prophète Mohamed SAAWS) et elles interdisent certaines pratiques qui sont d'un usage commun en finance conventionnelle. En effet, les banques islamiques sont contraintes par :

- La prohibition de la spéculation (*maysir*) et de la réception/paiement des intérêts (*riba*).
- Le besoin d'éviter l'incertitude (*gharar*) et les transactions financières et commerciales incertaines et risquées.
- La promotion de l'équité dans les transactions et la prévention/évitement des relations basées sur l'exploitation.
- L'interdiction de financer des activités illicites.
- La nécessité d'honorer les contrats.
- Le respect du principe de partage des risques et des rendements entre les parties engagées dans un contrat.
- L'obligation que les transactions concernent des éléments matériels qui débouchent sur des objectifs économiques tangibles.

Comme nous l'avons souligné, les transactions commerciales et financières islamiques sont assises sur une grande diversité de contrats de financement et d'investissement. Contrairement aux banques conventionnelles, les banques islamiques sont des partenaires de leurs clients/investisseurs. Elles jouent le rôle d'intermédiaire en investissement. Les opérations bancaires doivent se conformer aux trois principes essentiels de la finance islamique, à savoir :

- L'intermédiation dans l'investissement.
- La connexion à l'économie réelle.
- Le profit en contrepartie du risque.

Ainsi, côté ressources, la banque islamique joue le rôle d'intermédiaire entre le capital détenu par le *Rab Al-Mal* et le travail. Les comptes d'investissement ouverts par les clients sont utilisés par le biais de contrats Moudaraba avec la participation aux bénéfices entre le *Rab Al-Mal* et l'entrepreneur (*moudarib*) selon des clés de répartition définies à l'avance. En cas de perte, l'investisseur perd son capital et l'entrepreneur ses efforts. Les deux parties assument le risque : la première avec son argent, la deuxième avec son travail. La banque peut utiliser également des contrats Mousharaka (*partnership*). Côté emplois, la banque islamique ne finance pas en facturant des intérêts, mais a recours à des contrats de vente (Salam ou Mourabaha par exemple) ou des contrats d'Ijara (*leasing*) (graphique ci-dessous) :

Graphique 3 : Intermédiation de la banque islamique dans l'investissement

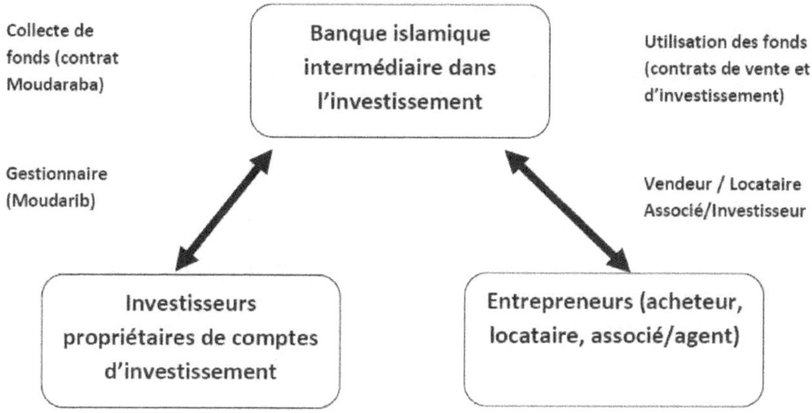

La particularité de la banque islamique tient au fait que, contrairement à la relation prêteur/emprunteur qui caractérise la banque conventionnelle, elle tient un rôle d'intermédiaire dans l'investissement et permet de ce fait la participation des déposants, des investisseurs et des entrepreneurs à différents projets en répartissant les bénéfices (et les pertes) de manière transparente, équitable et convenue à l'avance. La banque ouvre aux clients/déposants des comptes d'investissement par le biais de contrats Mourabaha et leur permet d'être associés à l'ensemble de ses actifs. En tant qu'intermédiaire dans l'investissement et agent (*moudarib*) pour le compte de ses investisseurs, la banque islamique mène des études sectorielles et cherche les bonnes opportunités d'investissement conformes à la *charia*.

Concernant la connexion à l'économie réelle, le principe général est que les flux financiers soient dirigés vers l'économie, afin de créer les moyens de production d'actifs réels et de prestation de services, et ce, en permettant le partage et le transfert des richesses entre toutes les parties engagées dans les transactions commerciales et financières. La banque islamique s'interdit les opérations de prêts à intérêts. Elle a recours à des opérations d'investissement et de financement (graphique suivant) :

Graphique 4 : Lien de la banque islamique à l'économie réelle et mode d'investissement et de financement

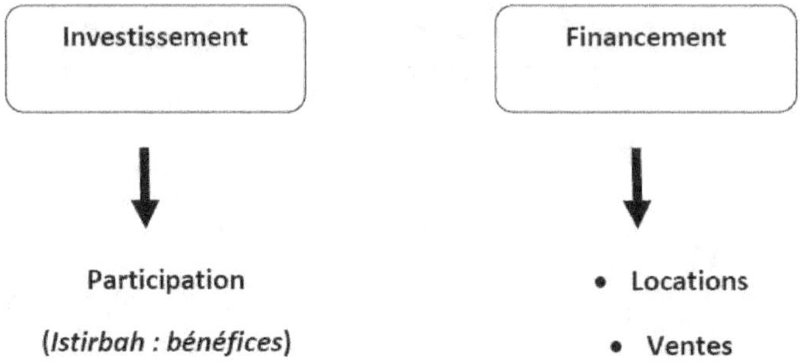

- Du côté investissement, les opérations n'ont pas de rendement défini à l'avance mais sont basées sur la notion d'*istirbah* (participation aux bénéfices) avec un risque élevé de perte. Ces opérations ne sont pas débitrices pour les clients. Elles sont liées à la création de nouvelles opportunités.

- Du côté financement, le risque est moindre dans la mesure où les opérations sont basées sur des contrats de vente ou de location (avec une marge liée au LIBOR : London InterBank Offered Rate) et où les rendements sont fixés à l'avance (comme la marge bénéficiaire prise par la banque dans les opérations Mourabaha : prix de vente = prix d'achat plus marge). Les opérations de financement sont ainsi débitrices pour les clients et liées à des échanges de biens, des services et des capitaux.

Concernant le troisième principe du profit en contrepartie du risque, il faut noter qu'une banque islamique fait face à des risques différents par rapport à une banque conventionnelle. Ces risques sont liés aux contrats de financement et d'investissement (opérations de haut et de bas de bilan). La gestion des risques doit se plier aux principes *charia*tiques qui interdisent toute forme de spéculation, d'opérations à découvert ou encore le recours aux produits dérivés (sauf une exception : le contrat Salam). Nous présentons ci-après les risques liés aux différents contrats utilisés par la banque islamique :

➢ Risques pour la banque islamique dans un contrat Mourabaha :

- La mauvaise prestation du fournisseur.
- Le non-respect de ses engagements.
- Le dommage aux biens (incendie, etc.).
- Le risque de défaut du client face à sa promesse d'achat.

➢ Risques pour la banque islamique dans un contrat Salam :

- Le risque de variation défavorable des prix.
- Le risque de catastrophe naturelle (sécheresse, etc.).
- L'impossibilité de livrer la marchandise aux caractéristiques bien définies (*mawsoufa al-dhimma)* de manière partielle ou totale ou encore non conforme (le risque est plus important en cas de Salam parallèle).
- La difficulté d'écouler la marchandise et les coûts de stockage supplémentaires si le prix de vente à terme baisse.

➢ Risques pour la banque islamique dans un contrat Istisna' :

- Le défaut de qualité sur ce qui est convenu.
- Le retard de livraison.
- La variation du prix des matières premières (augmentation des coûts) après signature du contrat.

➢ Risques pour la banque islamique dans un contrat Ijara :

- Le refus du client de signer un contrat Ijara avec la banque malgré sa promesse.
- La destruction du bien avant la signature du contrat Ijara (Ijara avec option d'achat).
- La destruction partielle ou totale du bien durant le contrat Ijara sans négligence ou faute.

- L'augmentation des frais d'assurance (nécessairement *takaful* sauf absence d'assureur islamique) et de maintenance.

➢ Risques pour la banque islamique dans un contrat Moudaraba :

- La compétence du *moudarib* (risque ressources humaines).
- La perte du capital.
- L'aléa moral (éthique).
- Le risque de marché (*business plan*).

➢ Risques pour la banque islamique dans un contrat Mousharaka :

- Le choix du partenaire et la bonne exécution du projet.
- Le risque sectoriel (étude de rentabilité et *monitoring* : suivi).
- Les risques opérationnels (personnel, stratégique, réglementaire, juridique, environnement des affaires, manipulation des comptes, etc.).

B- Naissance moderne et définition des *sukuks* (obligations islamiques)

Le mot *sukuk* (pluriel de *sakk* en arabe, qui signifie certificat) reflète des droits de participation dans les actifs sous-jacents. Le terme *sukuk* n'est pas nouveau, et il était connu dans la jurisprudence islamique traditionnelle. En effet, le *sukuk* était très utilisé au Moyen Âge par les musulmans ; il désignait un engagement financier résultant d'activités commerciales, et était alors utilisé comme moyen de paiement partiel pour les soldats et les fonctionnaires. Il permettait également à ses détenteurs de recevoir un montant prédéterminé de marchandises de la part de l'État à la date de maturité. Comme les *sukuks* représentaient un engagement de l'État, ils étaient souvent échangés/négociés parmi leurs détenteurs. C'étaient donc des instruments négociables en ces temps-là. Ils sont une alternative islamique aux obligations classiques et sont considérés comme une forme hybride d'actions (titres de propriété des actifs sous-jacents) et d'obligations (distribution de *cash flows*).

Dans sa version moderne, le *sukuk* est né d'une décision du Conseil Islamique de Jurisprudence datant des 6-11 février 1988 qui stipule que « *toute combinaison d'actifs (ou l'usufruit de ces actifs) peut être représentée sous la forme d'instruments financiers écrits qui peuvent être vendus au prix du marché, à condition que la plupart des actifs composant le groupe d'actifs représentés par le* sukuk *soient des actifs tangibles*. De son côté, l'AAOIFI définit le *sukuk* comme étant « *un titre de copropriété représentatif d'un actif tangible* ». Le rendement des *sukuks* est lié à la performance d'un actif (ou *pool* d'actifs) sous-jacent. Ce dernier peut être un service, un bien, un droit ou l'usufruit de ce droit. Ainsi, les *sukuks* représentent un droit de copropriété (*beneficial ownership*) sur les actifs pour une période donnée lorsque les risques et les rendements associés aux cash flows générés par les actifs sous-jacents sont transférés aux propriétaires des *sukuks* (investisseurs).

➢ Les avantages des *sukuks*

D'un point de vue souverain, les *sukuks* permettent aux États d'avoir accès à une nouvelle base d'investisseurs en diversifiant leurs sources de financement. Les *sukuks* émis pour les investisseurs étrangers permettent de couvrir les besoins de financements extérieurs et aident à constituer des réserves. Ceci est particulièrement vrai en Afrique du Nord et l'est moins pour les pays du CCG. À titre d'exemple, la Tunisie a émis un *sukuk* d'un montant de un milliard de dinars (500 millions de dollars), et selon le projet de la loi de finances 2016, elle a des besoins de financement extérieurs de 3 milliards de dinars (1,5 milliard de dollars). Les *sukuks* souverains permettent ainsi aux États de financer leurs dépenses publiques, leurs projets d'infrastructures (chemins de fer, autoroutes, transport maritime, etc.) et leurs besoins de liquidités.

Côté *corporate*, les *sukuks* permettent aux entreprises de lever des fonds pour financer leurs investissements et leurs besoins de fonds de roulement. Du côté bancaire, avec la réforme Bâle 3, les banques cherchent à renforcer leurs ratios de capitaux propres. Ainsi, à titre d'exemple, la Dubaï Islamic Bank a émis un *sukuk* perpétuel (*perpetual note*) Tier 1 d'un montant de un milliard de dollars en mars 2015, alors que la Saudi British Bank a émis un *sukuk* subordonné (*subordinated note*) Tier II d'un montant de 1,1 milliard de dollars en novembre 2013.

Ainsi, le financement par *sukuks* présente un certain nombre d'avantages pour les émetteurs et les investisseurs :

- Dynamiser l'économie en attirant les investisseurs opposés aux projets financés par recours à la dette basée sur l'intérêt (*riba*).
- Permettre aux États et aux entreprises de financer et développer leurs activités de manière conforme à la *charia*.
- Rendements attractifs et moins volatiles.
- Déconnexion par rapport aux marchés financiers.
- Alternative conforme à la *charia* aux financements classiques actions/obligations.
- Aide à la gestion des besoins de la liquidité à l'échelle de l'économie dans son ensemble, et en particulier celle des banques.
- Couverture d'une partie du déficit public habituellement financé par la « planche à billets » (avec un risque accru d'inflation).
- Investisseurs nationaux et internationaux (gouvernements, entreprises, individus fortunés).
- Diffusion d'une culture d'épargne pour le grand public ce qui permet de booster l'investissement (moteur de la croissance économique).
- Aide au développement des marchés financiers domestiques et internationaux grâce aux titres financiers islamiques.
- Diversification et accroissement des ressources de l'État et ce, en finançant de grands projets d'infrastructure.
- Financement stable et réel pour l'État grâce à des ressources existant dans le circuit économique (moins d'inflation).

- Attirer les capitaux situés en dehors du circuit bancaire.
- Diversification du portefeuille pour les investisseurs (risque/rendement, maturité, zone géographique, actifs alternatifs).

Le graphique ci-dessous résume les facteurs clés des émissions des *sukuks* :

Graphique 5 : Facteurs clés des émissions de *sukuks*

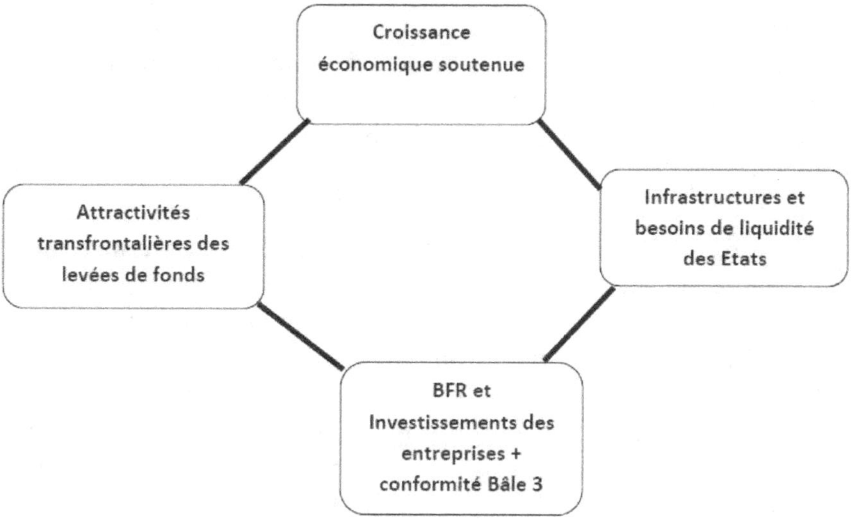

Source : ISRA, Auteur

- Les fondamentaux des *sukuks* :

L'idée des *sukuks* est simple : l'interdiction de l'intérêt ferme la porte à un titre de dette pure. Mais une obligation liée à la performance d'un actif réel est acceptée. La *charia* accepte la validité d'un titre financier qui dérive son rendement de la performance d'un actif sous-jacent réel. La forme d'un *sukuk* est très proche de la titrisation (*securitization*) des actifs dans la finance traditionnelle où un *pool* d'actifs est construit et des titres émis et adossés à ce *pool*. En effet, les *sukuks* reposent sur le concept de monétisation des actifs : les flux de trésorerie générés par un *pool* d'actifs de référence sont distribués de manière régulière et reproduisent ainsi le concept du paiement des coupons. Les *sukuks* répliquent la rémunération d'un instrument de taux conventionnel et certains sont négociables sur les marchés secondaires. Les porteurs des *sukuks* ne prêtent pas d'argent mais financent un projet, une entreprise. Les capitaux levés servent à des investissements dans des actifs réels avec participation aux bénéfices et aux pertes. Ils sont focalisés sur la valorisation réelle des secteurs à haute valeur ajoutée (infrastructures, aéroports, Télécom, transports, énergie, santé, agriculture, etc.).

Le caractère explicite et tangible des actifs sous-jacents devrait renforcer la position des investisseurs en *sukuks* en cas de liquidation ou, de scénario de défaut. Mais la structuration de la plupart des *sukuks* fait que les droits et les règles de transfert (dans les *sukuks asset-backed*) ne fournissent pas contractuellement une propriété réelle des actifs sous-jacents aux investisseurs. L'émetteur a pour objectif de répliquer de manière islamique une forme de dette conventionnelle. Étant donné la complexité des montages *sukuks*, il est nécessaire de mener une analyse approfondie pour s'assurer que le degré de risque encouru est équivalent à celui d'une obligation classique. Dans la plupart des émissions de *sukuks*, les investisseurs sont « *pari passu* » avec des obligations conventionnelles de même rang (Hassoune, Moody's, 2010). Ils représentent donc une propriété indivisible à travers un Special Purpose Vehicle (SPV). Juridiquement ces droits ressemblent à la propriété mais non à une simple propriété. Le coupon servi est souvent indexé au LIBOR.

Les structures de *sukuks* reposent sur des *pool*s d'actifs. Les investisseurs n'ont pas de droit légal sur les actifs. Conformément à la *charia*, ils ont un droit de jouissance sur les actifs de référence, et reçoivent donc une rémunération sous forme de flux de bénéfices/paiements réguliers qui seront générés par les actifs. Les transactions entre *sukuks* reposent sur la transférabilité de ces droits de jouissance. Les documents relatifs à ces transactions sont régis par une loi séculaire qui ne reconnaît pas les droits de jouissance comme actifs. Ainsi, pratiquement, un *sukuk* peut être assimilé à une obligation non sécurisée de l'émetteur (*asset-backed*). Les défauts de 2008/2009 (exemple les *sukuks* Nakheel, Golden Belt ou encore East Cameron), la méconnaissance du fonctionnement des *sukuks* et le manque de standardisation expliquent un certain scepticisme. L'analyse du risque de l'investissement se résume à l'appréciation de la solvabilité de l'émetteur et de la valeur relative du *sukuk* à l'intérieur d'un groupe de comparaison (Hassoune, Moody's, 2010).

➢ La négociation des *sukuks* sur les seconds marchés :

Bien que les *sukuks* soient conformes à la *charia*, ils ne sont pas tous éligibles aux seconds marchés, comme c'est le cas des *sukuks* Salam, Istisna' et Mourabaha, et dans certains cas particuliers, les *sukuks* Mouzara et Mousaqat (agriculture) lorsque le propriétaire du *sukuk* ne possède pas la terre. Cette restriction de négociabilité sur les seconds marchés vient d'une règle *charia*tique émise par l'Organisation des États Islamiques qui stipule « *qu'une obligation peut être vendue au prix du marché à condition que la composition des actifs représentés par l'obligation consiste en une majorité d'actifs physiques et une minorité de titres monétaires ou de dette (certificats de dépôts, prêts interbancaires, bons du Trésor, etc.)* ». Autrement dit, les *sukuks* émis contre un *pool* d'instruments *cash* ou de dette ne peuvent pas être négociés au second marché. Cette restriction est imposée afin d'éviter le *riba* associé à des transactions assises sur des titres de dette. La *charia* considère que, puisque les contrats Salam, Istisna' et Mourabaha créent de la dette, alors les *sukuks* basés sur de tels contrats sont exclus des seconds marchés.

Il faut noter qu'en Malaisie la SAC accepte le principe de *bay'al-dayn*, c'est-à-dire la négociation de dette. Cette acceptation est basée sur le principe de la *maslaha* (l'intérêt public). Cela signifie que les créances peuvent être utilisées comme actifs sous-jacents à la titrisation dans ce pays, ce qui n'est pas le cas dans les pays du Golfe.

D'une manière générale, si le cadre contractuel sous-jacent peut être différent, il existe une diversité de *sukuks* dont les structures varient en fonction des contrats sous-jacents. On distingue les *sukuks* basés sur les contrats de vente, d'Ijara ou d'agence :

➢ *Sukuks sale-based*

- *Sukuk* Mourabaha (livraison immédiate des marchandises, paiement différé).
- *Sukuk* Salam (achat à terme, paiement au comptant, livraison différée).
- *Sukuk Istisna'* (structure de projet).

➢ *Sukuks lease-based*

- *Sukuk* Ijara (*structure lease et lease back*)

➢ *Sukuks equity-based*

- *Sukuk* Moudaraba (structure d'agence).
- *Sukuk* Mousharaka (structure de partenariat).
- *Sukuk* Wakala (structure d'agence).
- *Sukuk* Istithmar (structure d'agence).

Le tableau suivant présente les principaux types de *sukuks* :

Tableau 3 : Principaux *sukuks* par type de contrat

Contrat sous-jacent	**Originateur (Moudarib)**	**Investisseur (détenteur des sukuks)**	**Cash flows intermédiaires**	**Cash flows à maturité**
Ijara (leasing)	Le locataire de l'actif. paye les loyers	Le bailleur	Loyers périodiques	Vente de l'actif
Salam (vente à terme)	Le vendeur des marchandises ou biens à livrer plus tard	L'acheteur des marchandises/biens livrables plus tard	Produits de la vente des marchandises/biens reçus (si prévus)	Le cash flow à maturité est habituellement le plus important à la livraison. Le cash flow provient de la vente de l'actif.
Istisna' (construction)	L'acheteur de l'actif en construction	Le financier de l'actif en construction	Paiements reçus du Moudarib (si prévus)	Bénéfice de la vente de l'actif fini.
Mourabaha (cost plus financing)	L'acheteur de l'actif	Le financier de l'actif	Paiements périodiques reçus du Moudarib représentant le prix de l'actif plus une marge (mark-up)	Peu probable. Le paiement final peut être simplement le dernier paiement périodique du contrat
Moudaraba (contrat d'agence)	Le Moudarib (entrepreneur ayant des besoins de financement)	*Rab Al Mal* (fournit le capital)	Cash flows périodiques de l'actif selon un ratio convenu à l'avance de partage des profits	Peu probable. Le paiement final peut être simplement le dernier paiement périodique, fonction de la durée du contrat
Mousharaka (private equity islamique)	Le Mousharik	*Rab Al Mal* (capital) et partenaires (capital et travail)	Cash flows périodiques de l'actif selon un ratio convenu à l'avance de partage des profits	Peu probable. Le paiement final peut être simplement le dernier paiement périodique, fonction de la durée du contrat

1- *Sukuks versus* obligations conventionnelles

Il est d'usage d'utiliser les obligations conventionnelles comme point de départ pour présenter les *sukuks*. Comme moyen de levée de fonds, le *sukuk* a été souvent considéré comme une obligation islamique sujette à des comparaisons avec l'obligation conventionnelle. Si l'objectif de l'émission d'un *sukuk* est le même que celui d'une obligation, c'est-à-dire lever des fonds, il y a plusieurs différences entre les deux instruments. Pour commencer, il faut se rappeler qu'il n'existe pas de « dette » dans le financement islamique, sauf le *qard hasan* qui est un prêt gratuit sans remboursement. Sachant cela, même si les *sukuks* ont pour objectif de lever des fonds externes comme les obligations classiques, leurs cadres opérationnels, légaux et réglementaires sont largement différents.

En tant que produit financier islamique, il y a un certain nombre de principes *charia*tiques auxquels un *sukuk* doit se conformer. Ces principes s'ajoutent aux exigences basiques selon lesquelles tous les produits financiers et toutes les transactions islamiques doivent être libres de *riba, gharar, maysir, rashwah* (corruption) et *jahl* (ignorance). Lorsqu'il s'agit des *sukuks*, les exigences supplémentaires sont les suivantes :

- Tous les fonds levés par émission de *sukuks* doivent être obligatoirement utilisés pour des activités conformes à la *charia.*

- Les revenus reçus par les détenteurs des *sukuks* (investisseurs) doivent provenir des cash flows générés par l'actif sous-jacent, et non d'autres sources externes à l'actif.

- Les détenteurs des *sukuks* ont des droits de propriété sur l'actif sous-jacent et ses *cash flows*.

- Les droits et obligations de chaque partie impliquée dans la transaction doivent être spécifiés de manière transparente, en particulier pour l'originateur et pour les propriétaires des *sukuks* (les investisseurs).

- Comme pour les autres produits financiers islamiques, il ne doit pas y avoir de fixité dans les rendements.

Du fait de ces règles de base, il est clair que les *sukuks* ont un profil risque/rendement différent de celui des obligations conventionnelles. Premièrement, contrairement aux obligations, il n'y a pas de coupon fixe. Deuxièmement, le prix de rachat à maturité ne doit pas être fixe non plus. Troisièmement, à l'inverse de la dette conventionnelle qui est détachée de la performance/bénéfice de l'émetteur, les rendements pour un détenteur de *sukuks* sont déterminés par les *cash* flows/bénéfices générés par l'actif sous-jacent aux *sukuks*. Tandis qu'une obligation produit le même coupon sans tenir compte des bénéfices de l'émetteur durant la période d'investissement, et que les détenteurs des obligations peuvent saisir l'entité émettrice si elle ne paie pas les coupons prédéterminés à temps, les rendements des détenteurs de *sukuks* dépendent des rendements de l'actif sous-jacent. Même si la société (ou autre émetteur) qui émet le *sukuk* affiche de bonnes performances, si l'actif sous-jacent réalise des performances faibles, les investisseurs auront un faible rendement.

D'autres différences entre les obligations et les *sukuks* sont à relever :

- Les *sukuks* respectent le point de vue de la finance islamique évitant le *riba* (générer de la monnaie par la monnaie, *i.e.* l'intérêt ou l'usure) ; les obligations sont des titres basés sur le *riba* car elles versent des coupons fixes.

- Les *sukuks* représentent une propriété dans un actif et sont adossés à des actifs tangibles et non à des dettes. Les obligations représentent une dette et l'investisseur agit comme un prêteur. À l'inverse, en investissant dans un *sukuk*, l'investisseur achète un actif d'une certaine valeur au lieu de participer à un accord implicite de prêt.

- Les actifs adossés aux *sukuks* sont conformes à toutes les lois de la *charia*. Les obligations peuvent être adossées à des actifs non conformes et regroupées avec d'autres actifs sans que l'investisseur ne le sache. L'investisseur dans les *sukuks* est assuré que la valeur du certificat correspond bien à des actifs non liés à des activités illicites.

- Les *sukuks* sont valorisés en fonction des actifs auxquels ils sont adossés. Les obligations sont valorisées selon la notation de la qualité du crédit de l'émetteur (*credit rating*).

Même si certains pensent que les différences entre les *sukuks* et les obligations sont simplement techniques, elles comptent pour les investisseurs qui souhaitent se conformer aux lois de la *charia*.

- Un avantage important des *sukuks* par rapport aux obligations est que leur valeur peut s'accroître lorsque la valeur des actifs monte. Les profits issus des obligations correspondent à des intérêts fixes. La valeur des *sukuks* augmente en relation avec les actifs auxquels ils sont adossés, et lorsque la valeur de l'actif s'accroît, la valeur de la propriété de cet actif s'accroît également. Les obligations n'ont pas cette caractéristique. L'augmentation des revenus issus d'une obligation résulte uniquement des intérêts et non d'une augmentation de la valeur ou de la productivité d'un actif tangible.

- Par ailleurs, alors qu'une obligation crée une relation prêteur/emprunteur, la relation dans un *sukuk* dépend de la nature du contrat qui lui est sous-jacent. Par exemple, un *sukuk* Ijara crée une relation bailleur/locataire ce qui est différent de la relation prêteur/emprunteur.

Le tableau suivant résume les différences clés entre les obligations conventionnelles et les *sukuks* :

Tableau 4 : Différences clés entre obligations et *sukuks*

Objet	Obligation conventionnelle	Sukuk
Maturité	Court, moyen et long terme	Court, moyen et long terme
Type de financement	Dette	Pas de dette, mais propriété d'un actif spécifique et ses cash flows
Sous-jacent	Pas nécessairement	Actif sous-jacent essentiellement tangible (collatéral)
Droits des investisseurs	Droits des créditeurs sur l'entité emprunteuse	Droits de propriété sur un actif spécifique et ses cash flows
Valorisation	Dépend du rating, niveau des taux d'intérêt et demande (book building)	Rendements indicatifs benchmarkés par des taux de référence (LIBOR par exemple)
Rendement total	Revenus fixes (connus/cash flows prédéterminés)	Pas de garantie de rendement
Priorité	Oui	Oui (*pari passu*)
Objet du financement	Non restreint	Restreint à un usage conforme à la charia et d'une manière prédéterminée
Sécurité	Non sécurisé	Sécurisé par les droits de propriété de l'actif sous-jacent ou projet en plus de tout collatéral structuré pour améliorer la qualité du crédit
Rendement/Principal	Garanti par l'émetteur	Non garanti par l'émetteur
Objectif	Peut être émis pour n'importe quel objectif	Doit être émis uniquement pour des objectifs permis par la charia (*halal*)
Négociabilité	Vente d'un instrument de dette	Vente d'un droit de propriété (*ownership interest*) dans un actif/projet/service
Responsabilité des investisseurs	Aucune responsabilité	Limitée à hauteur de la participation dans l'émission

Malgré les différences énumérées, des similitudes existent entre les *sukuks* et les obligations. Les *sukuks* ont une maturité fixe, peuvent supporter des coupons, être échangés sur la base d'une relation rendement-prix normale et afficher une courbe de taux (*yield curve*) en relation avec la maturité (Krichène, 2013). Par ailleurs, certains *sukuks*, comme les obligations, sont négociables sur les marchés secondaires. De plus, les deux sont notés par les institutions de notation. Enfin, les *sukuks*, au même titre que les obligations, peuvent être structurés et émis de différentes manières et par différents émetteurs, offrant ainsi aux investisseurs une variété d'options.

2- Les *sukuks* et la garantie

On peut classer les *sukuks* selon le type de garantie dont ils font l'objet (Hassoune, Moody's, 2010) :

- Les *sukuks* totalement garantis : il s'agit le plus souvent d'obligations non subordonnées de l'émetteur (grande majorité). Le principal est garanti en général par l'originateur par le biais d'un engagement de rachat à maturité (*purchase undertaking*). Les coupons (distributions périodiques) sont protégés par une clause de liquidité mise à disposition par l'originateur ou un garant externe. Selon la méthodologie de notation de Moody's, dans ce cas il y a égalisation du *rating* de l'émission avec celui de l'originateur. Les *sukuks* représentent une obligation « *pari passu* » du rang de la garantie (senior ou subordonnée).

- Les *sukuks* non garantis : ils sont traités comme des transactions de titrisation islamique. Dans ce cas, il n'existe aucune garantie ni pour le principal ni pour les coupons. En général ces émissions sont adossées à des crédits hypothécaires et font l'objet d'un mécanisme de *tranching* allant d'une tranche senior à une tranche *equity*. La notation de ce type de *sukuk* est équivalente à celle appliquée aux structures de titrisation classiques. Le *rating* du *sukuk* est essentiellement basé sur la qualité des *cash flows* générés par l'actif ou le *pool* d'actifs sous-jacents (Hassoune, Moody's, 2010).

- Les *sukuks* partiellement garantis : dans ce cas, soit le principal, soit les coupons sont garantis partiellement ou totalement par un garant externe ou interne. Cette garantie partielle peut améliorer la qualité du crédit pour des émetteurs classés en catégorie spéculative. Le *rating* de ce type de *sukuk* s'appuie sur celui des *sukuks* non garantis en tenant compte de la nature et de la solidité de la garantie qui peut se traduire par une amélioration de la note (Hassoune, Moody's, 2010).

3- Les *sukuks* et la propriété

La structuration des *sukuks* se fait communément selon la loi anglaise qui classe la propriété des actifs sous-jacents en deux catégories : la propriété légale (*legal property*) qui donne le droit aux titres des actifs aux investisseurs (propriété totale) et la propriété bénéficiaire (*beneficial property*) qui donne aux investisseurs le droit de jouissance et d'exploitation des actifs mais sans les titres légaux (propriété partielle). C'est là une différence importante pour déterminer, en cas de défaut de paiement, l'ordre de priorité pour les détenteurs des *sukuks* et leurs droits réels. La crise 2008 a révélé que la notion de propriété des actifs sous-jacents est confuse, ce qui a amené l'IFSB (Islamic Financial Services Board) à opérer en 2009 une distinction entre les *sukuks asset-backed* et les *sukuks asset-backed.*

Cette distinction est importante pour les investisseurs en cas de défaut. En effet, la question est de savoir comment la part de chaque investisseur est définie au travers du SPV et quelle est la définition de la propriété en finance islamique. La jurisprudence islamique ne reconnaît les propriétés totale et partielle qu'en termes de séparation entre la nue-propriété d'un bien et son usufruit (El Gamal, 2010 ; Al Khawarizmi Group, 2012). La propriété d'un bien et son usufruit forment un droit global de propriété alors que la détention d'un droit sans l'autre n'est qu'un droit partiel de propriété. Il existe deux conditions pour qu'un objet soit qualifié de propriété : la possibilité de détention physique (ce qui exclut les actifs intangibles) et avoir des usages bénéfiques potentiels. La propriété est classée selon qu'elle est valorisée (par son possesseur si elle est détenue à titre privé et utilisée de manière conforme à la *charia*) ou non valorisée (c'est le cas des biens publics et des biens à usage non conforme : vigne, casinos, etc.). Ainsi, par exemple, le *leasing* est qualifié de vente d'un usufruit. L'usufruit constitue ainsi un *trust* (confiance ou *amana*) et la pleine propriété est alors égale à la nue-propriété plus l'usufruit (*abusus*, *usus* et *fructus*). L'*abusus* est le droit pour le propriétaire de disposer de son bien soit par l'aliénation qui constitue une disposition juridique (don, vente) soit par la destruction (aliénation matérielle). L'*usus* est le droit de détenir ou d'utiliser une chose sans en percevoir les fruits. Le *fructus*, est le droit d'en percevoir les fruits (loyers par exemple). Les jurisconsultes reconnaissent deux types de possession de propriété en fonction du risque : la fiducie et la garantie

- Dans le cas de la fiducie (résultant de dépôts, de *leasing* et de Mousharaka), une personne transfère légalement à un tiers (le fiduciaire) un bien que ce dernier doit gérer et rendre au bout d'un temps convenu et dans des conditions déterminées. Le fiduciaire ne doit compenser le propriétaire que dans le cas où il y a une faute ou une transgression (El Gamal, 2010 ; Al Khawarizmi Group, 2012).
- Si la propriété est détenue à la fois en fiducie et en garantie, la seconde domine la première et les règles relatives à la garantie s'appliquent.

4 -*Sukuks asset-backed versus sukuks asset-backed*

Basés sur les statuts de la propriété et la vente de l'actif sous-jacent, les *sukuks* peuvent être classés en deux catégories : les *sukuks assed-backed* et les *sukuks asset-backed.* Les *sukuks asset-backed* fournissent un collatéral aux investisseurs sous la forme d'actifs tangibles. Pour être qualifié d'*asset-backed*, un *sukuk* doit porter sur un actif existant avec un vrai titre de propriété pour les investisseurs (*sukuks* Moudaraba ou Mousharaka, par exemple). Cet actif doit faire l'objet d'un transfert réel de la part de l'originateur au SPV. Mais si le *sukuk* est basé sur un actif-sous-jacent sans titre de propriété et non encore livré, il est alors considéré comme *asset-backed* (*sukuk Istisna*' ou *sukuk* Salam par exemple).

La présence d'actifs sous-jacents est nécessaire dans toutes les transactions financières islamiques. Les *sukuks* ne sont pas différents à cet égard. Malgré cela, il apparaît une tendance vers les *sukuks asset-backed* car plusieurs émissions n'ont pas respecté cette conformité. Ceci a été source de controverse quant à leur validité. Il y deux points essentiels à relever :

- Savoir si l'actif sous-jacent doit être constitué seulement d'actifs tangibles ou si une proportion peut inclure des actifs intangibles comme les créances.
- L'actif sous-jacent doit-il apporter un appui au *sukuk* en tant que collatéral ou simplement fournir la base de son émission ?

✓Les *sukuks asset-backed* :

Les *sukuks asset-backed* sont conformes aux principes et aux valeurs de la *charia*. Ils offrent normalement un recours explicite de propriété sur les actifs, et s'appuient sur un transfert « réel » des actifs au SPV. De ce fait, les investisseurs peuvent avoir recours aux actifs en cas d'évènement de défaut. Ils bénéficient également des *up side* et peuvent tirer profit du surplus de revenus générés par les actifs sous-jacents. L'esprit des *sukuks asset-backed* est que les investisseurs sont prêts à prendre un risque autre que le risque émetteur (risque de marché), avec une réelle vente des sous-jacents via le SPV (proche des Asset Backed Securitization de la structuration conventionnelle). En cas de défaut, les investisseurs sont les propriétaires des actifs sous-jacents. Ils bénéficient ainsi d'un recouvrement supplémentaire par rapport à leurs droits. Bien qu'ayant une position plus confortable que les créanciers de type non sécurisés, les détenteurs des *sukuks asset-backed* ne peuvent pas recourir à l'émetteur en cas de sous performance des actifs qui empêcherait le paiement des coupons ou le remboursement du capital à maturité. Les investisseurs font face à un double risque : risque de crédit et risque de marché.
En cas de défaut (comme par exemple Dubai World ou East Cameron), il existe un risque juridique du fait que les lois sur l'insolvabilité ne sont pas toujours bien développées dans certaines juridictions (*The Economist*, 15 avril 2010).
Côté originateurs, ils doivent être prêts à céder leurs actifs. À ce propos, le cadre réglementaire ne permet pas toujours la « vraie » vente (*true sale*). Le transfert de propriété exige du temps, des procédures administratives et légales et peut générer des dépenses supplémentaires qui réduisent le rendement final de l'investisseur. Les agences de notation (Moody's, Standard and Poor's, IIRA) se basent sur la solidité des actifs sous-jacents et non pas sur la solvabilité de l'émetteur pour noter.

➢ Les *sukuks asset-backed* :

Les *sukuks asset-backed* ne donnent pas la pleine propriété sur les actifs sous-jacents. Les investisseurs sont rémunérés en fonction des revenus générés par le projet financé. Mais certaines structurations comportent des garanties supplémentaires non liées au projet pour sécuriser les revenus périodiques et le montant principal à payer aux investisseurs (garantie explicite de l'émetteur). Les *sukuks asset-backed* sont ainsi proches des obligations conventionnelles. Le montage financier est coûteux et complexe. Les investisseurs ont recours à l'originateur (émetteur) grâce à une promesse de rachat (*waad'* : option d'achat ou *call*) des actifs à une date fixée, à la valeur nominale (ce qui est considéré comme non conforme par la *charia*), ou grâce à une garantie apportée par l'émetteur ou une partie tierce. Cette garantie n'est pas forcément liée à la performance de l'actif. Contrairement aux détenteurs des *sukuks asset-backed*, les investisseurs ne supportent que le risque de crédit. En effet, la promesse de rachat des actifs permet d'éviter le risque de perte en capital dans le cas de sous-valorisation des actifs à maturité. Par contre, les investisseurs ne sont pas sécurisés car ils n'ont aucun recours sur les actifs et ne peuvent pas tirer profit de leur appréciation éventuelle.

Côté émetteur, il n'y a pas d'exigence de transfert réel des actifs qui restent dans son bilan. L'émetteur peut ainsi lever des montants importants sans contrainte relative à la performance des actifs sous-jacents. Cependant, il faut noter que ce type de *sukuk* n'est pas en conformité avec la *charia* car il ne respecte pas l'exigence de la propriété des actifs. La notation des *sukuks asset-backed* est fondée sur la solidité financière de l'émetteur et sa solvabilité et non sur la solidité des actifs sous-jacents.

Le tableau suivant résume les différences clés entre les deux formes de *sukuks* :

Tableau 5 : ***Sukuks asset-backed versus sukuks asset-backed***

	Sukuk asset-backed	Sukuk asset-based
Vente	Vente réelle (*"true sale"*) de l'actif	Pas de vente réelle de l'actif au SPV
Recours	Les détenteurs des sukuks ont un recours sur l'actif sous-jacent	Les détenteurs des sukuks n'ont ni recours ni parts de l'actif sous-jacent
Acheteur potentiel	Vente possible à une tierce partie	Seulement à l'originateur
Prix de rachat	Valeur de marché de l'actif à la maturité	Prix de rachat du sukuk en cours avant la maturité
Profil	Les investisseurs bénéficient des *up side* potentiels dus à la hausse de la valeur de l'actif	Les investisseurs ne profitent pas d'une hausse de la valeur des actifs sous-jacents (*up side*)
Catégorie de risque	Collatéralisé (basé sur le type et la valeur de l'actif sous-jacent)	Non sécurisé (le sukuk sera noté comme une dette non sécurisée de l'originateur)
Caractéristique	Utilise des actifs/business/projets conformes à la charia et qui forment une source primaire de revenus/rendements pour l'investisseur	Utilise des actifs/projets conformes à la charia pour faciliter l'émission
Comptabilisation	Hors bilan (pour l'originateur). Vente réelle	Dans le bilan (originateur/débiteur)
Coût de financement	Basé essentiellement sur la solidité des cash flows générés par l'actif sous-jacent	Dirigé par le marché, dépend essentiellement du crédit rating/standing de l'originateur
Rating	Solidité des cash flows	Corporate rating de l'émetteur/originateur

5- Les risques associés aux *sukuks*

En tant qu'instruments financiers de long terme négociés (pour certains) sur les marchés secondaires, les *sukuks* présentent un certain nombre de risques dont la plupart sont semblables à ceux affectant les obligations traditionnelles. Nous présentons ci-après les principaux risques auxquels font face les émetteurs et les investisseurs en *sukuks* :

- Le risque macro : ce risque est lié à l'environnement macroéconomique : les changements dans les conditions macroéconomiques, et spécialement celles de nature systémique qui peuvent avoir un impact considérable sur les valeurs des actifs financiers. Le risque macro est plus important lorsqu'il s'agit de *sukuks* souverains.

- Les risques juridiques : c'est le risque que le contrat de vente des actifs sous-jacents soit déclaré nul et irrecevable. Par ailleurs, en cas de défaut, il existe des incertitudes relatives au régime fiscal applicable (Hassoune, Moody's, 2010).

- Le risque de crédit/contrepartie ou risque de défaut : c'est le risque que l'originateur n'honore pas ses engagements, par exemple, qu'il ne paie les loyers périodiques (*sukuks* Ijara) ou qu'il n'honore, le rachat de l'actif sous-jacent du SPV en cas de besoin. Le risque de défaut peut être important car, même dans le cas d'existence d'un collatéral, des problèmes peuvent surgir pour la détermination de la valeur réelle des actifs sous-jacents en cas de défaut par exemple, et toute procédure de liquidation des actifs peut entrer dans un processus très long.

- Les risques structurels : il s'agit du risque de contrepartie dans le cas où les banques de services ne sont pas classées par les agences de notation comme « Investment Grade ». Par ailleurs, dans l'industrie financière islamique, il y a une expérience limitée dans la gestion des évènements défavorables (faillites, etc.), (Hassoune, Moody's, 2010).
- Le risque de liquidité : ce risque provient du manque de transactions d'un actif financier sur le marché financier. Il peut survenir de deux façons : premièrement, lorsque les échanges d'un actif sont illiquides et que son prix a tendance à être plus volatile, deuxièmement, parce que la liquidation d'un tel actif est difficile à réaliser. L'urgence se traduit par une vente avec une décote impliquant des pertes. Pour compenser ce risque, les *dealers*/intermédiaires exigent des *bid-ask spreads* plus larges, ce qui augmente les coûts de transaction.

- Le risque de marché : ce risque provient d'un changement de demande ou d'offre d'un actif. Dans le cas des *sukuks*, comme pour tous les titres financiers à long terme, l'orientation de la politique monétaire affecte la valeur des *sukuks*.

- Le risque de taux d'intérêt : ce risque se matérialise par une perte de valeur d'un actif suite à une variation des taux. Ceci est renforcé par l'absence d'instruments de couverture adéquats. Dans le cas des *sukuks*, du fait que ces certificats sont en majorité émis et échangés dans des pays à système dual (conventionnel et islamique), une variation des taux d'intérêt affecte les prix. Ceci augmente le coût d'opportunité ou le coût du capital. Comme pour les obligations, il existe une corrélation négative entre les prix des *sukuks* et les taux.

- Le risque d'inflation : ce risque se réfère à une perte du pouvoir d'achat du fait de l'inflation. L'ampleur de ce risque dépend de la maturité du *sukuk* (*tenor*) et de l'environnement économique dans lequel il est échangé. Plus la maturité est longue et plus le risque d'inflation est élevé. Lorsqu'un *sukuk* est émis dans la monnaie d'un pays connaissant une forte hausse des prix, la prime de risque d'inflation sera forte.

- Le risque de change : il s'agit ici de l'exposition à une devise suite à un investissement dans un *sukuk* émis dans une devise étrangère (émission internationale en dollars le plus souvent). Un changement de la parité de la devise par rapport à la monnaie domestique signifie un changement dans le rendement du *sukuk*. Par exemple, si la monnaie étrangère se déprécie par rapport à la monnaie domestique, le rendement ajusté du taux de change du *sukuk* sera plus faible. Et inversement en cas d'une appréciation, le résultat sera un gain pour l'investisseur.

- Le risque de compatibilité avec la *charia* (*sharia compliance risk*) : ce risque survient du fait de la différence dans l'interprétation des textes par les jurisconsultes : par exemple, *bay' al-dayn based sukuk* est acceptable en Malaisie mais prohibé dans les pays du Golfe. De plus, cette différence d'interprétation varie dans le temps. Le prospectus d'un *sukuk* définit souvent les évènements qui peuvent causer sa nullité d'un point de vue de la *charia*, comme par exemple lorsque la proportion *cash* d'un actif sous-jacent est supérieure à la proportion tangible. Il en est de même pour un *sukuk hybride* (qui implique par exemple une combinaison de Istisna' et de Ijara), qui peut être considéré comme non conforme si la proportion Istisna' est élevée.

- Autres risques : en plus des risques mentionnés ci-dessus, d'autres risques associés aux *sukuks* peuvent être relevés, tels que les risques opérationnels (du fait de la gestion des paiements du *sukuk* ou du SPV) et les risques réglementaires (associés aux changements de l'environnement réglementaire). Chaque *sukuk* contient des clauses relatives à la liquidation en cas de défaut de l'originateur. Prenons le cas d'un *sukuk* Ijara. Si l'originateur ne paye pas les loyers qui constituent les paiements des coupons, le détendeur du certificat peut exercer le droit d'annuler le contrat et forcer l'originateur à racheter les actifs. Par ailleurs, dans le cas où l'originateur n'arrive pas à rembourser le montant du principal, le détenteur des *sukuks* peut mener des actions légales et le forcer à payer. Le risque de paiement des coupons survient lorsqu'ils ne sont pas payés à temps. L'originateur doit racheter l'actif sous-jacent à l'investisseur. Le risque de rachat de l'actif survient lorsque le montant remboursé est inférieur au principal ; il y a alors un risque que les actifs ne soient pas totalement rachetés. Par ailleurs, l'actif sous-jacent fait également l'objet d'un certain nombre de risques. D'abord, il y a un risque de perte de l'actif (risque de dommage aux biens). Ceci est minimisé dans le cadre d'un contrat Ijara portant sur des parcelles de terres. Cependant dans le cas d'équipement et/ou de matériel de construction, le risque de perte n'est pas négligeable. Ces risques peuvent être couverts par une assurance compatible avec la *charia* sous forme d'assurance *takaful*. À côté des risques qui pèsent sur les actifs, il y a la nécessité de leur maintien en état de fonctionnement. Selon les principes de la *charia*, c'est au SPV qu'il incombe d'assurer ces responsabilités.

6- Les challenges pour le marché des *sukuks*

Le marché des *sukuks* est assez jeune et présente un potentiel de croissance important au sein de l'industrie financière islamique. Ce qui suit est une série de défis auxquels il fait face :

- Les émetteurs, les investisseurs et les intermédiaires doivent soutenir le marché patiemment. Les transactions islamiques font souvent face à un désavantage compétitif face aux obligations conventionnelles en termes d'efficience économique dans la mesure où elles sont plus coûteuses (*cost-efficiency*). Chaque nouvelle émission subit des fortes dépenses légales, des dépenses de documentation ainsi que des coûts de distribution, et nécessite l'examen de la robustesse structurelle en plus de l'évaluation du risque de crédit du débiteur.

- Un *sukuk* à taux variable est souvent lié à un taux d'intérêt conventionnel utilisé comme *benchmark* tel que le LIBOR. En conséquence, pour son évaluation, le *sukuk* est en concurrence directe avec l'obligation conventionnelle en matière de niveau de *spread*. Du point de vue des emprunteurs, il n'y a pas d'avantages en matière de coût de financement sur le marché des *sukuks*, puisque les conditions existantes sont dérivées du marché des obligations classiques plus liquides et moins chères.

- En principe, le financement via les *sukuks* devrait être moins cher puisqu'il est basé sur des *cash flows* collatéralisés, mais en réalité ce n'est pas le cas. On peut s'attendre à ce que, lorsque le marché gagnera en maturité et que les investisseurs seront plus habitués à ces instruments, les coûts baissent et le marché devienne plus efficient sur le plan opérationnel.

- Du fait de la rareté d'émetteurs de bonne qualité sur le marché, les souscripteurs (investisseurs) des *sukuks*, qui incluent les institutionnels, les Banques Centrales et les banques islamiques privées, ont tendance à détenir ceux-ci jusqu'à la maturité. Comme résultat, le niveau d'activité du second marché est faible, ce qui baisse la liquidité et augmente les coûts de transaction par le biais de *bid-ask spreads* élevés. Ce problème peut être résolu en augmentant l'offre de *sukuks* et en développant un marché pour les investisseurs de détail.

- Il existe plusieurs coûts d'intermédiation supportés lors de l'émission de *sukuks* (frais d'avocats, commissions des banques d'affaires). Les banques conventionnelles sont souvent coleaders de l'émission des *sukuks* avec les banques islamiques et facturent des frais assez importants. Par ailleurs, une banque d'investissement conventionnelle n'est pas toujours prête à investir du temps et des efforts pour développer des *sukuks* de petite taille dans les marchés locaux. Cet écart peut être comblé par une implication plus grande de la part des banques islamiques.

- La standardisation pourrait booster les émissions de *sukuks* internationales (16 % seulement du total des *sukuks* en 2015) et tirer les prix vers le bas. La prime d'émission des *sukuks* au-dessus des taux des obligations classiques devrait baisser si la documentation devient plus standardisée et si les mécanismes de résolution des conflits en cas de défaut deviennent plus transparents. Une meilleure standardisation devrait (1) permettre aux investisseurs d'avoir confiance quant à la conformité de leurs investissements avec la *charia*, dans un passé récent certains jurisconsultes ont en effet critiqué la conformité de certains instruments ; (2) baisser les coûts des émissions car les émetteurs pourraient utiliser une documentation standard validée et acceptée par tous les jurisconsultes, et (3) accroître la prévisibilité du processus post-défaut ce qui bénéficie aux investisseurs comme aux émetteurs, en alignant les rendements des *sukuks* sur ceux des obligations conventionnelles. Ainsi, une meilleure standardisation des pratiques devrait accroître le développement de la finance islamique et aider à son internationalisation.

- Les réformes du cadre réglementaire sont un enjeu majeur pour les émissions des *sukuks* dans les prochaines années. Face à la forte demande pour la finance islamique et à la popularité grandissante des *sukuks* comme classe d'actifs parmi les investisseurs obligataires d'Asie et du Golfe, plusieurs pays ont cherché à améliorer leurs règlements afin d'attirer ces riches investisseurs. La Malaisie travaille à renforcer son leadership dans le marché de *sukuks* en attirant des émetteurs et des investisseurs du monde entier. Elle a construit un marché de dette solide à côté de son marché financier conventionnel, avec un cadre réglementaire bien défini, des structures *sukuks* standardisées et une bonne liquidité grâce à un marché secondaire dynamique pour la négociation des *sukuks*. De leur côté, Dubaï et la Turquie consolident leurs cadres réglementaires respectifs pour permettre l'émergence graduelle d'un nouveau « Hub » de la finance islamique. De manière similaire, notons que Hong-Kong a fait passer une ordonnance pour permettre les émissions de *sukuks* qui ont démarré en 2014.

- L'implication des institutions multilatérales devrait stimuler davantage l'activité des *sukuks* à côté des initiatives locales. La Banque Islamique de Développement (BID), la Banque Asiatique de Développement (ADB) et d'autres forums et organisations qui regroupent les Banques Centrales, sont des acteurs naturellement importants. Ces institutions collaborent avec les responsables locaux pour trouver des solutions pratiques afin de faciliter l'intermédiation et l'intégration économique et financière. De telles initiatives peuvent bénéficier au marché de la dette islamique dans des pays actuellement non totalement concernés par les *sukuks*. Parmi les initiatives on peut citer :

✓ La Banque Centrale des États de l'Afrique de l'Ouest (BCEAO) qui a donné son accord pour que les banques se refinancent à travers le *sukuk* émis par le Sénégal. Ce *sukuk* est certainement le premier d'une série d'obligations islamiques qui seront émises par les États Ouest-Africains et sponsorisées par la BID (notée AAA).

✓ La BID a annoncé un nouveau programme de 10 milliards de dollars de *sukuks* sur le marché financier Nasdaq Dubaï, en plus de ses programmes déjà existants à Londres et en Malaisie.

✓ L'ADB a annoncé son intention de sponsoriser un programme international majeur de *sukuks* (en milliards de dollars) dans les pays asiatiques pour leur permettre de financer leurs projets d'infrastructures.

✓ L'International Islamic Liquidity Management (IILM) a mis en place un programme *sukuks* d'un montant de 2 milliards de dollars. Ce programme a pour objectif de soutenir les activités transfrontalières.

7-L'évolution des émissions de *sukuks* : quelques faits statistiques

Les *sukuks* sont certainement les produits financiers islamiques les plus visibles et les plus prospères aujourd'hui. Du fait de la gamme et de la diversité internationale des émetteurs, il est indéniable qu'ils sont reconnus à l'échelle mondiale en tant que produits financiers islamiques de référence. La Malaisie, qui est actuellement le champion mondial en tant qu'originateur de *sukuks*, en a été un catalyseur majeur. Ce sont les gouvernements qui ont été à l'origine du marché des *sukuks*. Cependant, si le marché reste dominé par les émissions souveraines, on observe que les émissions *corporate* sont en forte hausse.

L'apparition des *sukuks* a été l'un des évènements les plus significatifs de l'industrie financière islamique. Le marché des *sukuk* est encore une niche avec un énorme potentiel de croissance de 15 à 20 % sur les marchés des capitaux internationaux (Europe, Afrique, etc.). C'est la BID qui a été pionnière dans l'émission des *sukuks*. Elle a en effet émis son premier *sukuk* de 400 millions de dollars en 2003. Elle est notée AAA par les trois principales agences de notation (Standard & Poor's, Moody's et Fitch). L'objectif était de lever des fonds auprès d'investisseurs internationaux tels que les fonds souverains, les Banques Centrales, les fonds de pension, les compagnies d'assurances ou encore les banques d'investissement. Les fonds récoltés servent à financer des projets de développement et de lutte contre la pauvreté dans plusieurs pays tels que le Maroc ou le Sénégal. À titre d'exemple, la BID a émis en 2008 un *sukuk* d'un montant de 400 millions de *ringgit* (*ringgit* malais (RM) = 0,2114 euro) en devise locale en Malaisie pour financer une route à péage.

Selon l'agence d'information financière islamique Zawya, le premier *sukuk corporate* a été émis en 1990 en Malaisie : *sukuk bay' bi damen al-ajel* (BBA). L'émetteur était la société Shell Middle Distillate Synthesis et le montant était de 125 millionsde *ringgit*, soit 31 millions de dollars. L'année 2001 a vu l'émission du premier *sukuk* souverain international (Ijara) par le gouvernement du Royaume de Bahreïn pour un montant de 100 millions de dollars. Le premier *sukuk* domestique à court terme a été un *sukuk* Salam émis en 2001 par le Royaume de Bahreïn également.

La finance islamique se mondialise et se développe en dehors de sa zone de prédilection historique (CCG et Malaisie) et gagne des parts de marchés internationaux. Produits « stars », les *sukuks* suscitent de plus en plus l'intérêt de plusieurs pays en Afrique subsaharienne, en Afrique du Nord, en Asie, en Europe (en particulier au Royaume-Uni et en Russie), qui cherchent à attirer davantage d'investisseurs internationaux et à diversifier leurs sources de financement. Plusieurs pays ont démontré leur intérêt pour les *sukuks*. C'est le cas de la Tunisie qui a émis un *sukuk* de 500 millions de dollars en 2015, mais aussi du Nigeria, de la Corée du Sud, de l'Égypte, du Mexique, du Kazakhstan, du Kenya, des Philippines et de la Thaïlande. Hong-Kong, par le biais de HKSAR (Hong Kong Special Administrative Region de la République de Chine) a émis en 2015 un second *sukuk* de un milliard de dollars (après celui de 2014 sous la forme Ijara). Il s'agit d'un *sukuk* émis en dollars américains, pour une durée de 5 ans et de type Wakala. Ce *sukuk* a été noté AAA par S&P et Aa1 par Moody's. Il a reçu un accueil très favorable de la part des investisseurs avec des ordres de deux milliards de dollars, soit le double de sa taille. Cette forte demande illustre la confiance dans la solidité de Hong-Kong et la recherche par les investisseurs de *sukuks* de grande qualité. Le coût de financement a été de 1,894 %. Les ordres pour le *sukuk* Wakala sont parvenus de 49 investisseurs conventionnels et islamiques, ce qui fait de Hong-Kong une plate-forme de finance islamique incontestable. Le *sukuk* a été distribué à hauteur de 42 % dans le Moyen Orient, 43 % en Asie et 15 % en Europe. Par type d'investisseurs, 77 % ont été distribués aux banques privées et aux fonds d'investissement, et 23 % aux fonds souverains, aux Banques Centrales et aux banques supranationales.

Par ailleurs, on note que les pays africains se tournent de plus en plus vers le marché des *sukuks*. Ainsi, l'Afrique du Sud a émis un *sukuk* de 500 millions de dollars. De son côté le Sénégal a émis en juin 2015 son premier *sukuk* pour lever 100 milliards de francs CFA (208 millions de dollars). Le Niger compte émettre un *sukuk* d'un montant de 150 milliards des francs CFA (260 millions de dollars). Le Nigeria et le Soudan ont déjà émis un *sukuk* de 62 millions de dollars (en octobre 2013 pour le premier) et de 160 millions de dollars (en 2012 pour le second) respectivement. La Cote d'Ivoire a émis son premier *sukuk* et levé 150 milliards de francs CFA (228,67 millions d'euros) dont la moitié a été souscrite par des investisseurs en dehors de la zone UEMOA qui comprend le Bénin, le Burkina Faso, la Côte d'Ivoire, la Guinée-Bissau, le Mali, le Niger, le Sénégal et le Togo. Le *sukuk* a une maturité de 5 ans et un rendement de 5,75 %. Pour les investisseurs qui cherchent à acquérir des obligations islamiques en dehors des marchés traditionnels, l'Afrique du Nord et l'Afrique sub-saharienne devraient constituer très rapidement une alternative crédible. Citons par ailleurs le cas de la Banque Centrale du Bangladesh qui a émis des *sukuks* à court terme pour la gestion de la liquidité du système bancaire. C'est une étape positive pour la finance islamique et pour ce pays qui compte près de 157 millions de personnes d'après les données du FMI. Enfin, l'Égypte va promulguer une loi qui permettra au pays d'émettre prochainement son premier *sukuk*.

Les deux graphiques qui suivent donnent un aperçu sur la mondialisation des émissions des *sukuks* :

Graphique 6 : Émissions globales de *sukuks* par pays (janvier 2001 – juillet 2014, en millions de dollars)

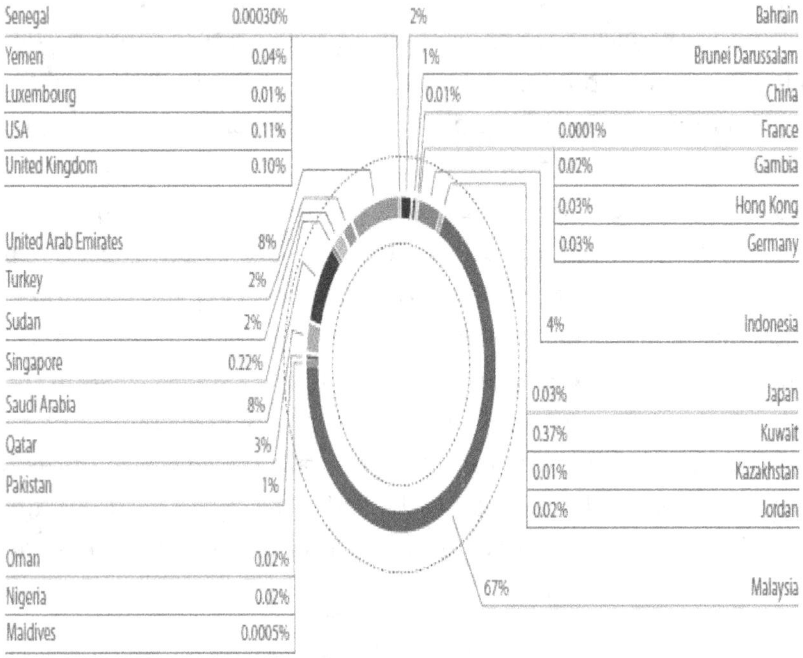

Source : International Islamic Financial Market

Comme prévu, l'Asie continue à dominer les émissions de *sukuks* avec la Malaisie (67 %) comme acteur majeur. Les pays du CCG viennent en seconde position. Le graphique montre clairement la tendance à l'internationalisation des émissions avec de nouveaux venus tels que les pays africains, les États-Unis ou encore le Japon.

Graphique 7 : Émissions des *sukuks* en 2014 (nombre et taille en millions de dollars)

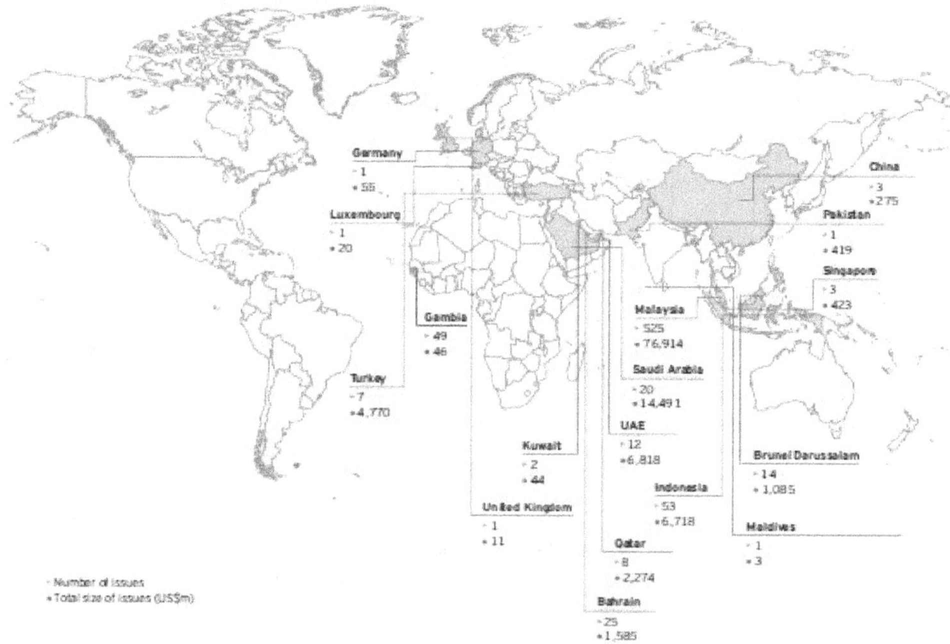

Source : EY, 2016

On remarque aussi la faible part des pays européens et en particulier de la France dont 10 % de la population sont musulmans. Avec la crise de l'eurozone, la réforme Bâle 3 et la liquidité abondante dans les marchés des *sukuks*, il est possible que les entreprises européennes et notamment les banques fassent appel à ces marchés pour lever des fonds et profiter de l'environnement actuellement favorable à l'émission de *sukuks*. Mais pour l'instant aucune indication significative ne vient des marchés européens même si l'exemple britannique pourra encourager les émetteurs souverains et *corporate* à faire le premier pas. Ces dernières années, le marché global des *sukuks* (local et international, *i.e.* en devises étrangères, le dollar notamment) a connu un important développement. Selon les estimations de l'ISRA (International Sharia Research Academy), les émissions de *sukuks* sont passées de 45 milliards de dollars en 2010 à 118,8 milliards de dollars en 2014 (graphique ci-dessous) :

Graphique 8 : Émissions annuelles de *sukuks*

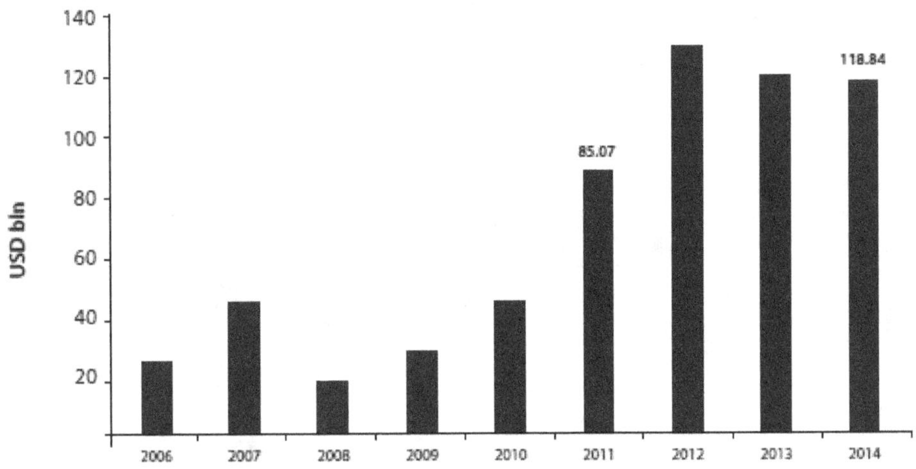

Source : ISRA, IFIS, Zawya, Bloomberg

Cette croissance a été soutenue par les marchés clés d'Arabie Saoudite, des Émirats Arabes Unis et de la Malaisie, mais également par la Turquie et l'Indonésie. En 2014, des émissions remarquées ont été effectuées par Hong-Kong et le Luxembourg renforçant ainsi le statut des *sukuks* comme source alternative viable et compétitive de financement des économies et des grands projets liés à l'économie réelle (transport, infrastructures, santé, etc.). Le Luxembourg, pays noté AAA, a en effet émis en octobre 2014 le premier *sukuk* souverain d'un pays de la zone euro, de type Ijara, côté en euros et d'un montant de 200 millions d'euros (communiqué du ministère des Finances du

Luxembourg). Les banques d'affaires HSBC et BNP Paribas ont participé à la structuration en tant que *joint-lead managers*. Le ministère des Finances du Grand-duché a organisé un *road show* auprès des investisseurs institutionnels du CCG, de la Malaisie et à Londres. Ce *sukuk* a rencontré un grand succès et a permis de lever des capitaux à un coût très bas (0,436 % par an).

L'activité des *sukuks* est fortement liée à la situation économique et financière globale. Un facteur clé pour le marché des *sukuks* a été la baisse du prix du pétrole depuis 2014. Cependant, si cette baisse profite aux économies occidentales majoritairement importatrices, il est clair qu'elle a un impact négatif sur les économies exportatrices de pétrole et notamment celles du CCG. En conséquence, les émissions des *sukuks* ont enregistré une baisse dans ces pays. De même, l'orientation à la hausse des taux de la FED américaine accroît la volatilité des taux de change des pays émergents et impacte négativement les émissions de *sukuks*. Les récents chiffres le prouvent : les émissions globales trimestrielles sont passées de 24,2 milliards de dollars au quatrième trimestre 2014, à 18,7 milliards de dollars au premier trimestre 2015. Comme le montre le graphique suivant, le profil des émetteurs de *sukuks* est similaire à la tendance historique, avec la Malaisie qui reste la place forte incontestable en tant que premier émetteur (42,3 %), suivie par les Émirats Arabes Unis (18,2 %), Bahreïn (14.2 %) et l'Indonésie (14,1 %).

Graphique 9 : Émission de *sukuks* par pays (au premier trimestre 2015)

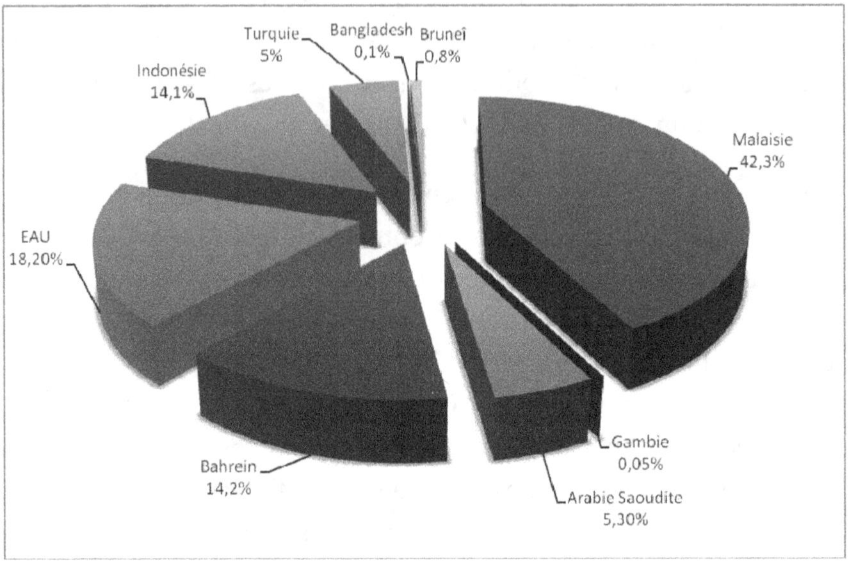

Source : ISRA, IFIS, Zawya, Bloomberg, Auteur

Globalement, comme le montre le graphique ci-dessous, le marché des *sukuks* est dominé par les émetteurs souverains qui comptent pour plus de la moitié du total des émissions (53 %). Les organisations supranationales telles que la BID, la Islamic Liquidity Management Corporation (IILM) sont aussi très actives avec un peu plus de 15 % des émissions. Les émetteurs *corporate* viennent surtout du secteur financier, notamment celui de la Turquie, de la Malaisie et des pays du Golfe.

Graphique 10 : Émission de *sukuks* par type d'émetteur (au premier trimestre 2015)

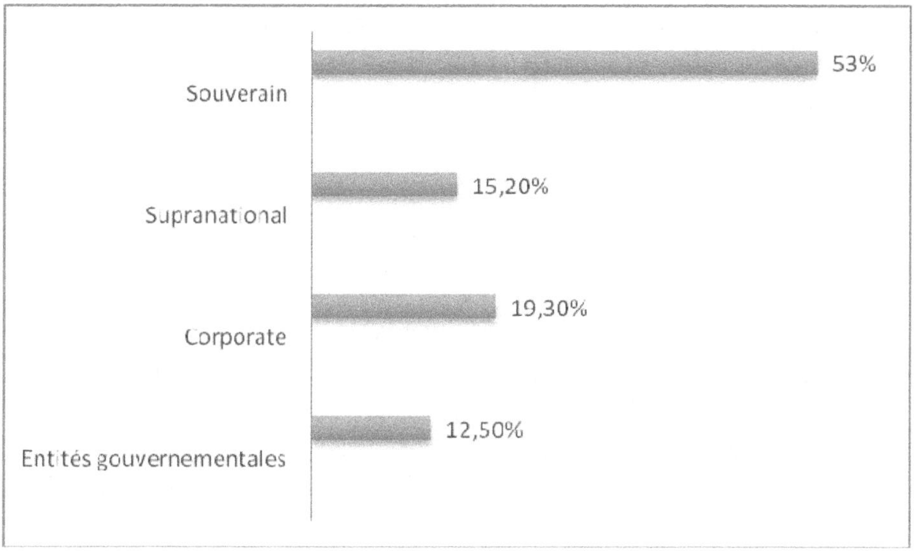

Source : ISRA, IFIS, Zawya, Bloomberg, Auteur

Notons qu'une nouvelle tendance a été observée sur les marchés des *sukuks* avec un accroissement des émissions transfrontalières en devises étrangères et en particulier en dollars américains, alors que la Malaisie attire des émissions d'autres pays tels que la Turquie et Singapour. Parallèlement, les cotations des *sukuks* se sont également mondialisées avec des places phares comme la Bourse de Londres, celle du Luxembourg et la Bourse Irlandaise. Par ailleurs, le marché mondial des *sukuks* a historiquement souffert d'un manque de longueur de la maturité des émissions, ce qui pose un problème pour les banques, les institutions financières, les fonds de pension et les compagnies d'assurances qui essayent de « matcher » leurs actifs avec leurs passifs de manière conforme à la *charia*. Cependant, les cinq dernières années ont vu une nouvelle tendance vers des maturités plus longues à travers le monde, et en particulier en Malaisie. Entre 2014 et

2015, 20 % des émissions avaient une maturité supérieure à 20 ans contre seulement 9,5 % en 2009 selon les chiffres de l'IIFM (graphique suivant).

Graphique 11 : Évolution des émissions de *sukuks* à maturités longues en nombre et en valeur (2001-2014, milliards de dollars)

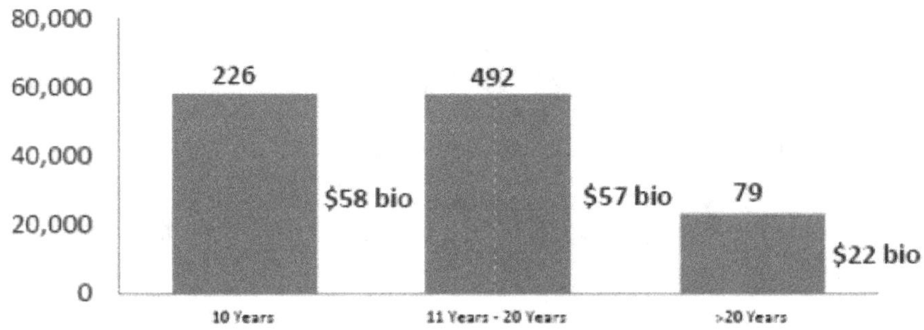

Source : IIFM

D'après l'agence Reuter (avril 2015), il y a un intérêt croissant pour les *sukuks* « verts » émis pour financer des projets socialement responsables, à l'instar de la Khazanah National Berhad, le fonds souverain de la Malaisie, qui avait annoncé son intension d'émettre le premier *sukuk* à impact social : le « *Sukuks Al Ihsan* Program » pour un milliard de *ringgits* malaisiens qui fait suite au programme de *sukuk* socialement responsable mis en place par la commission de bourse Malaisienne en août 2014. Par ailleurs, notons que, selon une étude publiée par Thomson Reuters et Zawya, plus de 50 % des investisseurs viennent au marché des *sukuks* essentiellement pour des raisons religieuses. Ces investisseurs incluent les banques islamiques, les sociétés takaful, les fonds islamiques et des investisseurs individuels fortunés. L'autre moitié est intéressée soit par le rendement des *sukuks* soit par la diversification de ses portefeuilles.

L'émission de *sukuks* à des taux historiquement faibles et pour de longues maturités émis par des sociétés telles que la Saudi Electricity Co (qui a battu un record avec un *sukuk* de maturité 30 ans) et la Dubaï Electricity and Water Authority illustre que le marché des *sukuks* s'élargit et innove sans cesse, et qu'il envoie un signal fort sur la profondeur et la maturité du marché financier islamique régional. Ces larges émissions ont été émises en dollars afin d'attirer des investisseurs internationaux. Le graphique ci-dessous relatif à l'indice de S&P MENA *Sukuk* Index (MENA : Middle East and North Africa) retrace les rendements à l'échéance des *sukuks* : Yield To Maturity.

Graphique 12 : Rendement de l'indice S&P MENA *Sukuk*

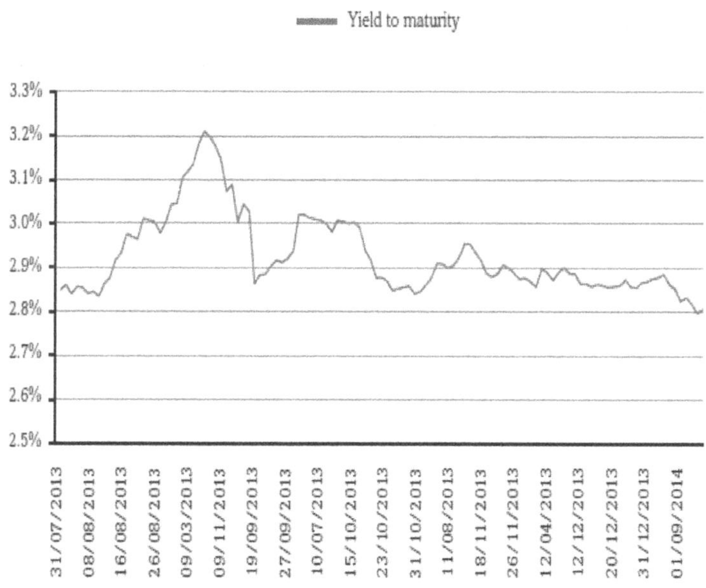

Source : Standard & Poor's 2014.

Le S&P MENA *Sukuk* Index fournit une exposition au marché des titres à revenu fixe (*sukuk*). L'indice inclut des *sukuks* notés « Investment Grade » et émis en dollars américains par les pays de la région MENA. Ces *sukuks* ont subi une sélection pour devenir conformes aux principes de la *charia*.

Selon S&P Rating Service, contrairement aux premières estimations qui situaient les émissions de *sukuks* entre 100 et 115 milliards de dollars en 2015, on a enregistré une baisse de 45 % l'année dernière, avec seulement 63,5 milliards. S&P prévoit entre 50 et 55 milliards de dollars d'émissions pour 2016. La baisse de 2015 s'explique par l'arrêt des émissions par la Bank Negara de Malaisie (BNM) qui considère que les instruments émis n'ont pas atteint leurs cibles, à savoir les banques locales, et qui a décidé de se concentrer sur les émissions de dettes à court terme. Par ailleurs, des facteurs macroéconomiques ont joué un rôle important dans cette baisse, avec notamment la crise grecque, la chute du prix du pétrole et la baisse du PIB chinois, qui ont généré de l'incertitude auprès des investisseurs.
Selon le Dow Jones *Sukuk* Index, l'Arabie Saoudite, l'Indonésie et la Turquie n'ont pas émis de *sukuks* en 2015, alors que la Qatar en a émis un seul d'un montant de $ 750 million. Côté performance, le S&P MENA *Sukuk* Index a affiché en 2015 une performance de 1,1 % contre 1,8 % pour son homologue conventionnel, le S&P MENA Bond Index. Le tableau suivant montre une sélection de *sukuks* émis par des acteurs de référence :

Tableau 6 : Sélection de *sukuks* (marché global : domestique et international)

Année d'émission	Emetteur	Pays	Devise	International/domestique	Structure	Montant en $ millions ou équivalent	Maturité (mois)
2015	Emirates Airlines	EAU	USD	International	Sukuk Ijara	913	120
2014	National Commercial Bank	Arabie Saoudite	SAR	Domestique	Sukuk hybride	1 300	60
2014	Turkiye Finans	Turquie	USD	International	Sukuk Mourabaha	500	60
2014	Emaar Malls Group	EAU	USD	International	Sukuk Wakala	750	120
2013	GEMS Education	EAU	USD	International	Sukuk Moudaraba	200	perpétuel

Source : IIFM

Ci-après, résumé d'un prospectus relatif à un *sukuk* émis par le Groupe Emaar Malls :

Tableau 7 : Transaction *sukuk* de « Emaar Malls Group » (EAU et Dubai)

Émetteur	EMG *Sukuk* Limited
Originateur	Emaar Maals Group LLC
Pays d'émission	Emirats Arabes Unis
Taille de l'émission	$ 750 millions
Notation de l'émission	Baa2 (Moody's) / BBB (S&P)
Date d'émission	18 juin 2014

Maturité	10 ans
Taux de rendement attendu	4,564 %
Cotation	Nasdaq Dubai
Loi	Anglaise et Dubaï
Arrangeurs, managers	ADIB, AHB, ENBO Capital, Morgan Stanley, Noor Bank, NBAD, Mashreq, SCB and UNB

Source : Groupe Emaar Malls

Chapitre 2 : La titrisation en finance islamique : le cas des sukuks

1 - La titrisation : principe général

La titrisation est une opération financière adossée à un portefeuille d'actifs homogènes ou *pool* d'actifs (assurances, créances, cartes bleues, créances auto, prêts hypothécaires et tous les actifs générateurs de *cash flows*), ayant un objectif de financement et/ou de transfert de risques en vue de réduire la consommation de fonds propres prudentiels ou économiques. Elle consiste à transférer des actifs ou les risques de crédits correspondants sous une forme structurée à des investisseurs, et donne généralement lieu à une émission de titres sur les marchés de capitaux, adossés aux risques des actifs sous-jacents (Asset Backed Securities ou ABS). La titrisation peut être utilisée par les banques soit pour réduire le montant de capital réglementaire exigé pour faire face aux risques qu'elles ont dans leurs bilans, soit pour obtenir une ressource de financement à un prix attractif ou avec une maturité cohérente avec celle des actifs titrisés ou les deux à la fois. La titrisation est une opération longue à mettre en place. Elle nécessite une collecte d'informations sur les actifs titrisés, une revue des procédures internes de l'entité initiatrice (originateur) et la mise en place d'une documentation juridique élaborée. Les investisseurs sont en risque uniquement sur les actifs titrisés tels que les prêts immobiliers et non sur la banque initiatrice de l'opération. Ils ne sont pas exposés directement au risque de faillite de l'originateur. La titrisation permet la mutualisation des risques des flux attachés aux créances cédées. Ainsi, les risques sont diversifiés et constituent un portefeuille de risques indépendants ou peu corrélés entre eux. La probabilité que plusieurs de ces risques surviennent concomitamment est réduite. Par ailleurs, la structuration est faite de manière à rehausser la qualité de crédit des flux titrisés. En effet, la même quantité de risque est supportée avant et après structuration mais la répartition est différente : le risque est d'abord supporté par les parts dites subordonnées puis par les parts dites senior (graphique ci-après) :

Graphique 13 : Schéma simplifié de la titrisation

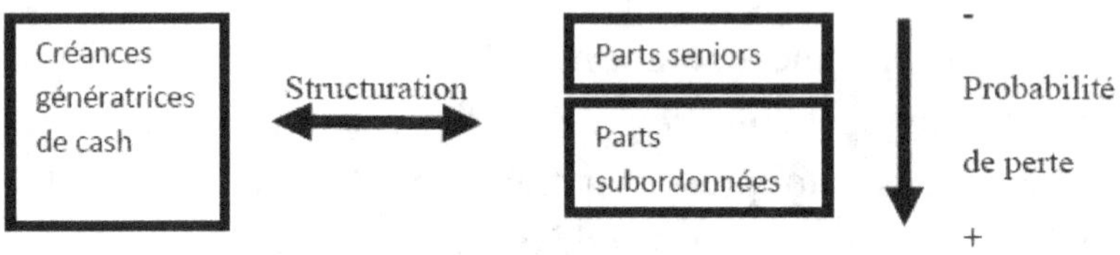

Les actifs éligibles à la titrisation sont formés de tout portefeuille de créances ou d'actifs possédant certaines caractéristiques permettant de quantifier les risques correspondants :

- La prédictibilité des *cash flows*.
- L'existence de données historiques de performance.
- L'absence de risque non quantifiable.

Le processus d'une titrisation classique de créances suit les étapes suivantes (graphique ci-dessous), (Hassoune, Moody's, 2010).

Graphique 14 : Titrisation classique de créances

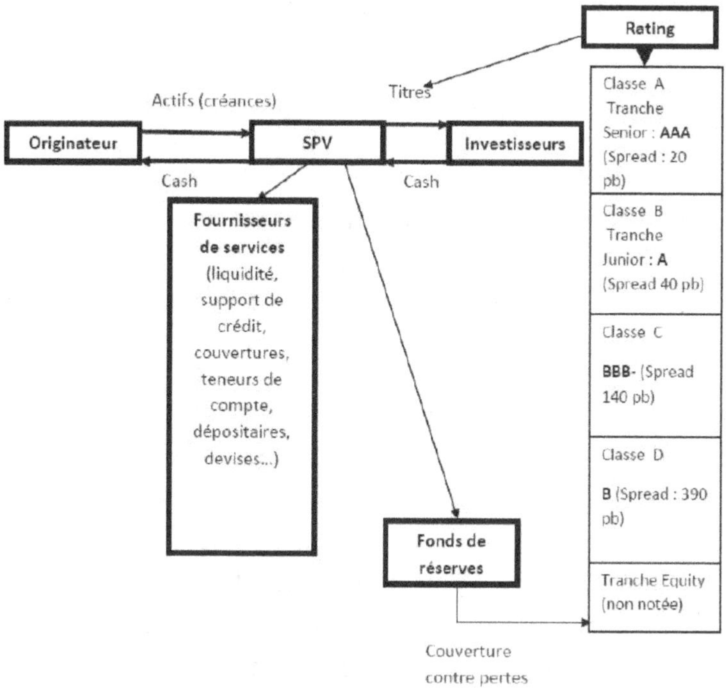

Ainsi, le processus de titrisation suit plusieurs étapes :

- Il y a transfert des actifs à une entité dédiée (véhicule *ad hoc* : SPV : Special Purpose Vehicle) indépendante : cession sans recours.
- Les revenus provenant des actifs cédés sont en priorité affectés au remboursement de la dette émise par le véhicule.
- Le cédant perd le contrôle des actifs cédés (cession réelle ou *true sale*). Il reste généralement en charge de la gestion de ces actifs dans le cadre d'un contrat de service avec le véhicule de titrisation.

- Le financement est réalisé par l'émission d'une ou de plusieurs tranches de titres notés (généralement AAA au niveau des titres senior adossés aux créances en termes de profil d'amortissement et de risque de crédit).

2- La titrisation islamique

Alors que les obligations classiques sont émises directement par l'emprunteur et vendues aux investisseurs, les *sukuks* requièrent un processus de titrisation sous-jacent qui transforme les actifs adossés en titres de placement.

Les *sukuks* sont des produits structurés, et par conséquent leur conception dépend de plusieurs facteurs dont quatre principaux : (1) la conformité des contrats avec la *charia*, (2) le couple rendement/risque désiré, (3) le profil des cash flows souhaité (pour l'originateur et l'investisseur) et (4) la potentielle acceptation des *sukuks* par les marchés. En conséquence de cette multitude de facteurs, la structure des *sukuks* peut varier de simple à très compliquée.

La finance islamique encourage le financement d'activités économiques tangibles. C'est la prise de participation en fonds propres qui est la plus proche de cet idéal. Le caractère tangible des structures de titrisation se prête bien aux principes de base de la finance islamique. La structure est basée sur un contrat spécifique d'échange qui peut être effectué par le biais de la vente et de l'achat d'un actif basé sur un paiement différé, du crédit bail (*leasing*) d'actifs spécifiques ou de la participation dans un projet.

La titrisation islamique est très proche de la titrisation conventionnelle d'actifs mais elle doit respecter les points suivants :

- La propriété doit être transférée à l'émetteur.
- La vente au SPV doit être effective et non un simple transfert de *cash*.
- Il ne doit pas y avoir de risque de consolidation avec un parent (le SPV doit être indépendant de l'originateur).

- ➢ Le risque de crédit doit porter sur le SPV et non sur l'originateur des actifs.

Tous les *sukuks* doivent avoir un actif tangible. Même si quelques *fuqaha* (jurisconsultes) permettent qu'une proportion soit sous une forme intangible, tous requièrent l'existence d'un actif tangible. Ceci est une caractéristique de différenciation majeure de la finance islamique, qui peut être une source de solidité puisque la présence obligatoire d'un actif tangible exclut la possibilité d'un endettement excessif. Mais s'il est vrai qu'un actif tangible est obligatoire pour l'émission des *sukuks*, tous les actifs ne sont pas qualifiés de tangibles. Selon l'Académie du Fiqh dans sa décision numéro 5, 1998, chaque actif ou *pool* d'actifs conformes peut être un actif sous-jacent pour un *sukuk*. Un tel *sukuk* peut être négocié à condition que l'actif sous-jacent consiste essentiellement en actifs tangibles physiques avec une faible partie en *cash* et/ou dettes. Même si les décisions de l'Académie du *Fiqh* ne sont pas obligatoires mais consultatives, les règles ci-dessus interdisent la titrisation de créances comme actifs sous-jacents pour l'émission de *sukuks* qui ne doivent pas être adossés à des cartes de crédit ou à des prêts immobiliers.

3- Acteurs et processus d'émission des *sukuks*

➢ Les acteurs

En tant qu'instruments de levée de fonds, les *sukuks* comme les obligations suivent un processus d'émission élaboré. Il y a un certain nombre d'acteurs clés dans le marché des *sukuks*, allant de l'originateur jusqu'au détenteur final des *sukuks* (l'investisseur), chacun jouant un rôle essentiel dans le fonctionnement efficace du marché. Les acteurs clés sont :

- L'originateur : il s'agit de l'État (souverain), d'une société (*corporate*) ou d'une institution financière.

- Le régulateur (AMF en France, SAC en Malaisie).
- Le *credit enhancer* (garant) : le gouvernement pour les émissions quasi-souveraines et une tierce partie pour les autres (par exemple la BID ou une banque d'investissement).
- Le *trustee* (fiduciaire) : pour gérer et administrer le SPV.
- Le vendeur/industriel : vente ou fabrication d'actifs ou de biens objet du financement.
- L'agence de notation : pour noter et suivre le *sukuk*.
- Une banque d'investissement : pour la structuration du *sukuk*, la conformité, le prospectus et la commercialisation.
- Les conseillers *charia* : au niveau de la banque d'investissement et au niveau du régulateur.
- Les investisseurs : ils investissent dans les *sukuks*.

➢ Le processus d'émission et la titrisation des *sukuks* :

La condition primaire pour l'émission de *sukuks* est l'existence d'actifs au bilan du gouvernement, de la société, de la banque ou de l'institution financière, ou de n'importe quelle entité qui souhaite mobiliser des ressources financières. L'identification d'actifs appropriés est une étape clé du processus d'émission. Des considérations *charia*tiques dictent que le *pool* d'actifs ne doit pas être seulement composé de dettes issues de contrats financiers islamiques (*i.e.* Mourabaha, Istisna'), mais doit comprendre des actifs réels. Comme dans une titrisation typique d'actifs financiers ou réels, le cadre de base est qu'un SPV émette les *sukuks* aux investisseurs et utilise les ressources de l'émission pour acheter un *pool* d'actifs à l'originateur des *sukuks*. Typiquement, un ou plusieurs contrats conformes à la *charia*, comme les contrats Ijara, Mourabaha ou Mousharaka, forment le cadre de la structuration des *sukuks*. Les flux de revenus générés par les actifs conformes à la *charia* sont utilisés pour financer le paiement des détenteurs des *sukuks* (les investisseurs).

Le graphique ci-dessous montre le processus générique de la titrisation islamique des *sukuks* qui dépend de la nature du contrat utilisé pour acquérir les actifs.

Graphique 15 : Titrisation islamique (processus général)

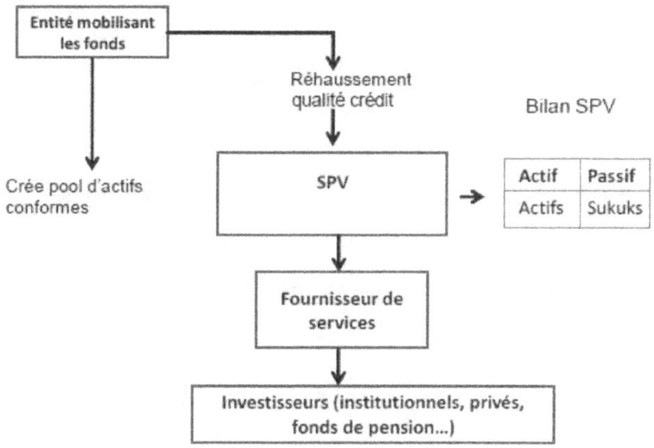

L'originateur est l'ultime bénéficiaire des fonds levés. En initiant l'émission du *sukuk*, l'originateur fait appel aux services d'une banque d'affaires qui va se charger de tout le travail de préparation incluant le respect de la réglementation et tout le travail administratif. La banque d'affaires va également concevoir et structurer le *sukuk* en fonction des besoins de l'originateur et de ceux du marché. Pour ce faire, elle aura besoin de la collaboration de trois autres parties : (1) le conseiller *charia* (interne ou externe), (2) les avocats qui vont préparer la documentation et (3) le *trustee* (fiduciaire) qui doit gérer le SPV et veiller à la protection des intérêts des détenteurs des *sukuks*. Le *trustee* est souvent une institution bancaire qui offre des services de *trustee* et de dépositaire. Une fois que la forme et les termes de l'émission sont complétés, l'émission est soumise à l'évaluation par une agence de *rating*. C'est généralement avant cette étape que le *credit enhancer*

(garant externe) doit apporter les garanties nécessaires pour l'émission. Dans le cas d'émissions souveraines ou quasi souveraines, le gouvernement peut apporter la garantie, améliorant ainsi la qualité de crédit du *sukuk*. Dans le cas d'originateurs privés, une banque peut apporter la garantie en contrepartie de frais (*fees*). Quand tous les processus sont terminés et les conditions satisfaites, l'émission est soumise au régulateur pour sa validation. Lorsque l'accord du régulateur est reçu, l'émission peut être proposée au marché. Si la taille de l'émission est importante, la banque d'affaires peut organiser des *road shows* dans lesquels des investisseurs institutionnels sont invités et tenus informés des détails de l'émission.

Le contrat type utilisé dans le processus de titrisation afin de créer des *sukuks* est le contrat Moudaraba (*trust financing*, graphique suivant), qui permet à une partie d'agir comme « Agent » (*manager*) au nom du « Principal » (propriétaire du capital) sur la base d'un accord de partage des profits.

Graphique 16 : Relation de fiducie

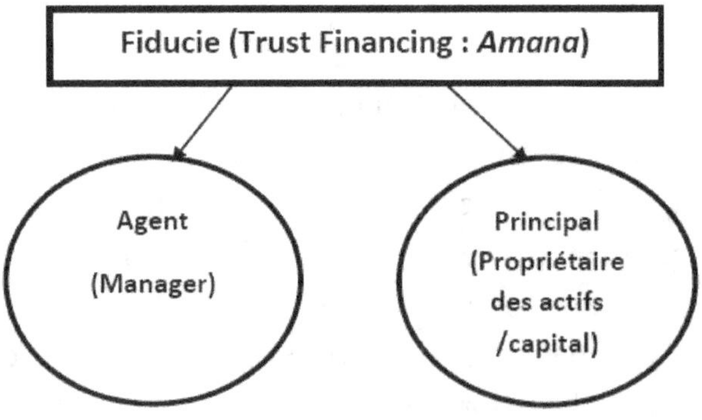

➢ Les étapes de la titrisation islamique :

Le contrat Moudaraba est utilisé pour créer un SPM (Special Purpose Moudaraba) qui est une entité similaire au SPV conventionnel, pour jouer un rôle bien défini en acquérant certains actifs et en émettant des certificats adossés à ceux-ci. Les actifs sous-jacents acquis par le SPM doivent être conformes à la *charia* et peuvent varier en nature. La commercialisation et la négociabilité de ces certificats est déterminée sur la base de la nature de l'actif sous-jacent (Krichène, 2013). Le processus de structuration d'un *sukuk* implique les étapes suivantes :

- ✓Étape 1 : Un actif est identifié. Il est actuellement possédé par l'entité qui souhaite mobiliser des ressources et lever des fonds. Dans le cas le plus simple, cet actif se doit d'être tangible comme des tours de bureaux, un terrain, une autoroute ou un aéroport. Mais dans d'autres cas un *pool* d'actifs peut être construit à partir d'une série d'actifs hétérogènes en combinant des actifs tangibles et des actifs intangibles, *i.e.* des actifs financiers. Une fois que les actifs à titriser sont identifiés, ils sont transférés à un SPM dans un prix prédéterminé. Le SPM est créé uniquement pour cet objectif et il peut être une entité légale et séparée ou affiliée à l'émetteur. En établissant un SPM indépendant, le certificat porte son propre *rating*, au lieu de porter celui du propriétaire original. De plus, en transférant l'actif à cette entité spéciale, l'actif est sorti du bilan de l'émetteur et il est alors immunisé contre d'éventuelles difficultés financières que l'émetteur pourrait rencontrer dans le futur. Ceci améliore la qualité du crédit des certificats. Le SPM bénéficie également d'un statut fiscal spécial (*onshore* ou *offshore* pour des raisons fiscales). Enfin, le SPM est considéré comme une entité anti-banqueroute (*bankruptcy remote entity*).

- ✓Étape 2 : L'actif sous-jacent est apporté du côté de l'Actif du SPM en émettant des certificats de participation ou *sukuks* du côté de son Passif à des investisseurs pour un montant égal au prix d'achat. Ces certificats sont de valeurs égales et représentent des parts individuelles dans la propriété de l'actif. Le produit de la vente des certificats est utilisé pour acheter l'actif. Les propriétaires des *sukuks* ont une participation financière (equity interest) dans les actifs du SPM qui sont ainsi détenus conjointement.

✓Étape 3 : Le SPM vend ou loue les actifs à un locataire, à une filiale du vendeur ou au vendeur lui-même, en échange de paiements futurs ou de loyers périodiques (redevances) selon la nature du contrat. Par exemple, en cas de location, l'actif sera loué à un locataire ou à l'émetteur qui sera alors tenu de payer les futurs loyers. Ces *cash flows* sous forme de revenus locatifs sont transmis aux détenteurs des *sukuks*. Les cash flows supportent des frais (*fees*) liés à l'administration, à l'assurance (*takaful)* et aux services de la dette.

✓Étape 4 : Afin d'assurer une qualité « Investment Grade » en termes de notation et d'améliorer la commercialisation des *sukuks*, une banque d'investissement peut apporter une certaine forme de garantie. Celle-ci peut porter sur la performance, *i.e.* sur les paiements futurs (coupons intermédiaires) ou peut être une garantie d'acheter ou de remplacer l'actif en cas d'évènement de défaut. La banque d'investissement ou le garant facture quelques points de base de frais comme prime de la garantie. Cette amélioration de la qualité de crédit augmente l'attractivité des *sukuks* pour les investisseurs institutionnels.

✓Étape 5 : Durant la durée de vie du *sukuk*, des paiements périodiques sont effectués par le bénéficiaire de l'actif, *i.e.* le locataire (dans le cas d'un *sukuk* Ijara par exemple), et sont transmis aux investisseurs. Ces paiements périodiques sont similaires aux coupons des obligations classiques. La différence entre les paiements des obligations et ceux des *sukuks* est que là où les paiements des obligations ont lieu indépendamment des revenus du projet pour lequel l'obligation a été émise, les paiements des *sukuks* surviennent seulement s'il y a des revenus générés par l'actif sous-jacent titrisé. Quiconque achète les *sukuks* au second marché remplace le vendeur au prorata en tant que nouveau propriétaire des actifs et des droits et obligations du souscripteur original qui vont avec. Les prix des *sukuks* varient en fonction des forces du marché et dépendent de la rentabilité attendue. Cependant, il y a certaines limites à la vente des *sukuks* sur les seconds marchés.

✓Étape 6 : À la maturité ou lors d'un événement de dissolution, le SPM entre dans sa phase de liquidation, d'abord en revendant les actifs à l'originateur vendeur/propriétaire à un prix prédéterminé, et en payant ensuite les investisseurs détenteurs des *sukuks*. Le prix est prédéterminé pour protéger les investisseurs contre la perte en capital. Autrement, la vente du *sukuk* au prix du marché peut générer une perte en capital pour les investisseurs. Il est d'un usage commun qu'un contrat *sukuk* contienne une option de vente (*put*) au bénéfice des détenteurs du *sukuk* par lequel l'émetteur donne son accord pour racheter l'actif à un prix prédéterminé, de façon à ce qu'à la maturité les investisseurs puissent vendre le *sukuk* à l'émetteur à la valeur nominale. À la fin du *sukuk*, le SPM est dissous et cesse d'exister puisque l'objectif pour lequel il a été créé est atteint. Le processus mentionné ci-dessus est un processus général pour émettre des *sukuks*, mais il y a différentes variantes en fonction du type de contrat utilisé pour créer et acquérir l'actif sous-jacent. Le graphique ci-dessous montre le processus générique et les relations qui lient les différents acteurs impliqués dans la structuration d'un *sukuk* (Hassoune, Moody's, 2010).

Graphique 17 : Titrisation de *sukuks* : principe type (*asset-backed/asset-backed*)

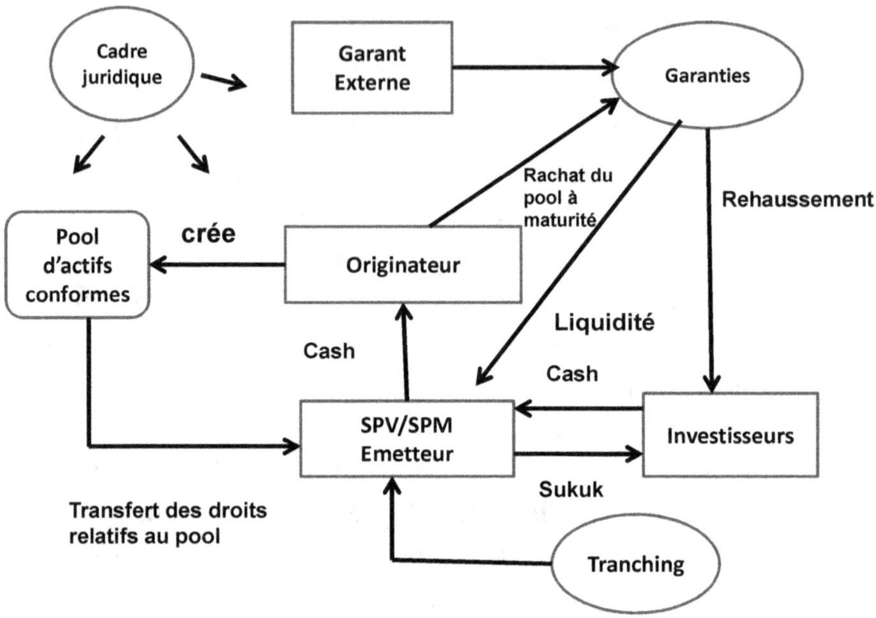

La titrisation des *sukuks* suppose la création d'un SPM/SPV dont la responsabilité est d'émettre des certificats qui représentent par exemple la propriété d'un actif, un droit à des revenus de dette ou de location ou même une accumulation de revenus venant de différents *sukuks* (*sukuks hybrides*). Le rendement versé aux détenteurs des *sukuks* provient ainsi de bénéfices de la vente, de la location ou d'une combinaison des deux. Les points clés à avoir à l'esprit sont les suivants :

- La création des *sukuks* nécessite le conditionnement ou la structuration d'un ensemble (*pool*) d'actifs conformes à la *charia* (avec ou sans rehaussement de crédit) en titres.
- L'émission des *sukuks* requiert un échange d'actifs sous-jacents conformes en échange d'une contrepartie financière à travers

l'application des différents principes de la *charia*, tels que l'Ijara, l'Istisna', la Moudaraba, etc.

- La structure du *sukuk* doit être revue et approuvée par des conseillers *charia* pour s'assurer de sa conformité. Les conseillers *charia* (*sharia scholars*, jurisconsultes ou sociétés de conseil en *charia* avec l'appui des *scholars*) ont un rôle très important : ils fournissent des conseils relatifs aux structurations des *sukuks* et proposent le cas échéant des suggestions de structurations conformes à la *charia*. Ils travaillent étroitement avec le conseil juridique de l'émetteur et de l'arrangeur pour s'assurer de la conformité des documents. Ils émettent des *fatwas* sur toute l'opération avant que le *sukuk* ne soit mis en circulation.
- Le processus de structuration peut impliquer la mise en place de protections supplémentaires pour les investisseurs contre le retard de paiement, la faillite éventuelle et d'autres risques similaires. De telles protections sont apportées sous forme de schémas de rehaussement de la qualité de crédit et/ou de la liquidité.
- Selon la *charia*, garantir les *cash flows* rend un *sukuk* similaire à une obligation conventionnelle. L'AAOIFI a clairement découragé l'émission de *sukuks* où l'originateur couvre tous les risques d'actifs pour substituer sa propre qualité de signature comme garantie des obligations.
- La promesse contraignante *(waad'mulzim* : clause de *buy-back*) : le rehaussement de la qualité du crédit est un enjeu crucial pour les émetteurs / investisseurs. Mais la promesse contraignante est un sujet de controverse entre les différentes écoles de jurisconsultes. Il s'agit d'une promesse délivrée par l'émetteur l'engageant à la date de maturité ou suite à la réalisation d'un évènement (dégradation de la valeur des actifs, *rating* défavorable, défaut, etc.) à acheter les actifs réels sous-jacents aux *sukuks*. Les objectifs de la promesse de rachat sont d'améliorer la liquidité des *sukuks*, de se couvrir contre la dépréciation de la valeur des actifs et contre les évènements éventuels de défaut, et d'améliorer la notation des *sukuks* (capacité de l'émetteur à honorer ses engagements). Cependant, la clause de *buy-back* est contraire à la règle de partage des risques liés aux contrats participatifs et les quatre écoles de jurisprudence interdisent cette garantie (engagement

de l'émetteur à acheter les actifs sous-jacents à un prix déterminé à l'avance). En effet, dans le cas de la Moudaraba, la Mousharaka et de la Wakala où il y a un de contrat de fiducie (*amana : trust*) différent du contrat de garantie, si le prix est supérieur au nominal, il y a une garantie totale du nominal et d'une part des profits, et si le prix est inférieur au nominal, il y a une garantie partielle. Il subsiste une controverse concernant le *sukuk* Ijara où l'AAOIFI dans son rapport de 2008 a validé le rachat à la valeur nominale. Dans ce cas, il y a location du sous-jacent du vendeur avec un engagement de rachat à la valeur nominale à la maturité (*waad'* contraignant, proche de *bay' al-ina'* (vente d'un bien à crédit et son rachat au comptant à un prix inférieur). Ceci est interdit par les quatre écoles du *fiqh*.

Il existe des solutions alternatives qui permettent de sécuriser les investisseurs et d'améliorer la qualité de crédit des *sukuks* :

- ✓ L'engagement d'achat des actifs à leur valeur à la date d'exécution de l'achat (et non pas à une date définie à l'avance). La détermination du prix d'achat se fait :

1. En fonction du prix de cotation des *sukuks* s'ils sont côtés.
2. En fonction de la valorisation des actifs sous-jacents aux *sukuks*.
3. À la valeur nette des actifs : dans sa décision numéro 178, le Conseil International de la Jurisprudence Islamique précise que *« l'extinction des sukuks doit être faite avec la valeur du marché ou avec une valeur convenue à la date d'exercice de l'achat* ». Par ailleurs, le rapport 2008 de l'AAOIFI autorise l'émetteur Moudarib, Mousharik ou Wakeel à acheter les actifs sous-jacents aux *sukuks* soit à leurs valeurs nettes, à leurs valeurs de marché ou à une valeur convenue à la date du rachat. Dans le cas de contrats Ijara Montahiya Bit-Tamlik, *i.e.* location avec achat à maturité, le rachat doit se faire à la valeur des loyers dus le jour de l'exercice ce qui correspondra à la valeur nette des actifs.

- ✓ La garantie d'une tierce partie indépendante des *cash flows* des détenteurs des *sukuks*, sans paiement de prime (non rémunérée et excluant toute réalisation de profit). C'est un cas rare.

- ✓ La garantie des *sukuks* par l'assurance mutuelle, sous la forme d'un fonds de réserves mutuel entre les détenteurs des *sukuks* ou via un contrat avec un opérateur Takaful avec versement de primes.
- ✓ Le *tranching* (pour les *sukuks* non garantis).
- ✓ La subordination (pour les *sukuks* partiellement garantis).
- ➢ La vente décôtée : interdite par la *charia*.

4- Les différents types de *sukuks* et leurs structurations

L'AAOIFI a publié des standards comptables d'audit, de gouvernance et d'éthique, et a identifié quatorze types de *sukuks*. Nous présentons dans ce qui suit les sept *sukuks* les plus émis sur les marchés financiers islamiques, domestiques et internationaux, ainsi que les processus de leurs structurations.

4.1- Le *sukuk* Ijara

L'Ijara (*leasing*) est un contrat selon lequel une partie achète et loue un équipement demandé par un client contre un loyer. La durée et les frais de location sont convenus à l'avance et la propriété reste celle du bailleur (*lessor*). Le *sukuk* Ijara est un titre représentant la propriété d'actifs existants, bien définis et qui sont attachés à un contrat de bail. Le contrat Ijara doit remplir un certain nombre de conditions préalables pour prétendre à la titrisation. D'abord, le contrat *leasing* sous-jacent doit être conforme aux principes de la *charia* qui peuvent différer des termes et des conditions d'un *leasing* conventionnel. Deuxièmement, l'actif loué doit présenter une utilisation bénéfique pour ses usagers et pour laquelle ils payent un loyer. Troisièmement, les actifs loués doivent avoir un usage conforme à la *charia*. Par exemple, la location d'un casino n'est pas acceptable. Enfin, les dépenses de maintenance nécessaires et liées à l'actif sous-jacent relèvent de la responsabilité du propriétaire (le SPV).

➢ Caractéristiques clés de la structuration d'un *sukuk* Ijara :

- La location doit porter sur un montant convenu et une période correspondant à la maturité du *sukuk*.

- L'actif sous-jacent doit avoir un usage de valeur (usufruit) pour le locataire, alors que l'actif reste chez le SPV au nom des investisseurs. En conséquence, le locataire ne peut pas utiliser l'actif sous-jacent au *sukuk* pour un objectif autre que celui inscrit au contrat.

- Comme propriétaire des actifs, le SPV, au nom des investisseurs, est responsable pour tout risque lié aux actifs jusqu'à la fin de la période de location. Cependant, toute responsabilité liée à l'utilisation de l'actif reste du ressort du locataire. Dans le cas où la fonction pour laquelle l'actif a été loué n'est plus possible, comme en cas de défaut ou de dommage, le SPV remplace l'actif avec des fonctions similaires. Cependant, si le dommage est causé par une négligence du locataire, ce dernier (l'originateur) est responsable et doit compenser le SPV.

- Le *sukuk* Ijara est complètement négociable et peut être échangé sur un marché secondaire.

- Le *sukuk* Ijara offre une grande flexibilité du point de vue de son émission et de sa négociabilité. Le gouvernement, les municipalités, les entités publiques ou privées peuvent l'émettre.

La nature des contrats Ijara offre plusieurs avantages, ce qui fait du *sukuk* Ijara un candidat naturel à la titrisation (Iqbal et Mirakhor, 2011). Parmi ces avantages on peut citer :

- La flexibilité : le contrat Ijara est très similaire au contrat de location conventionnel et offre une flexibilité à la fois pour les remboursements fixes et variables. Les *cash* flows de la location incluant les loyers et le remboursement du principal, sont transférés aux investisseurs sous forme de coupons et de paiements du principal. Du fait de leur ressemblance avec le *leasing* classique, les *sukuks* Ijara sont attractifs pour les investisseurs conventionnels. Il y a une flexibilité dans le *timing* des *inflows* (flux entrants) et *outlfows* (flux sortants) puisqu'il n'est pas nécessaire que les cash flows distribués aux propriétaires des *sukuks* coïncident avec le *timing* des paiements des loyers. On retrouve cette flexibilité dans le fait que lorsqu'il s'agit d'Ijara, la *charia* n'exige pas l'existence de l'actif sous-jacent à titriser au moment du contrat (dans ce cas le *sukuk* est qualifié d'*asset-backed*).

- La maturité : le contrat Ijara peut être de n'importe quelle durée tant que l'actif objet du contrat est existant et que son utilisateur peut en tirer profit. Du fait des termes prolongés de l'Ijara, les *sukuks* peuvent être structurés pour procurer un mode de financement efficient de maturité moyenne à long terme.

- La cessibilité : puisque la *charia* ne restreint pas le droit du bailleur de vendre l'actif loué en cas de contrat Ijara, les personnes qui partagent la propriété de l'actif loué à travers le *sukuk* peuvent disposer de leur propriété en la vendant à des nouveaux propriétaires individuellement ou collectivement comme elles le désirent. Cette caractéristique est très importante pour le développement d'un marché secondaire pour les *sukuks* basés sur l'Ijara.

- La négociabilité : le *sukuk* peut être vendu au prix du marché à condition que les actifs sous-jacents soient composés en majorité d'actifs physiques. Cela rend les *sukuks* Ijara complètement négociables et pouvant être échangés sur les seconds marchés. Cette meilleure liquidité les rend attractifs aux yeux des investisseurs.

- Le *sukuk* Ijara est également sujet à des risques autres que les risques de marché. Ces risques sont liés à la capacité du locataire de payer les loyers tout au long de la durée du *sukuk*. De plus, le rendement des investisseurs n'est pas prédéterminé puisque la location fait l'objet de coûts de maintenance et d'assurance. Par conséquent, le montant du loyer stipulé dans le contrat *sukuk* indique un rendement maximum possible sujet à des déductions liées aux dépenses d'entretien et d'assurances. Cependant, sachant qu'un évènement de défaut est protégé via les assurances et que le risque financier peut être protégé par des garanties, le rendement des investisseurs est assez stable.

- Dans le cas où un actif qui peut être vendu et loué (*leased back*) n'existe pas, un contrat Istisna' peut être utilisé. Le contrat Istisna' est utile dans des situations où un nouveau actif est créé à travers des activités de construction basées sur une description précise (*mawsoufa al-dhimma*) de l'actif à construire et sur un prix prédéterminé. Dans ce cas, une combinaison de Istisna' et de Ijara est utilisée dans la structuration du contrat pour d'abord créer l'actif, et ensuite le louer à l'originateur (*sukuk asset-backed*). En plus de l'originateur de l'actif, un nouvel acteur – l'entrepreneur – est impliqué dans la transaction en ayant la responsabilité de la construction de l'actif avant qu'il ne soit transféré au SPM/SPV pour location.

➢ Processus de structuration du *sukuk* Ijara :

Dans la structure Ijara, le mourabib (l'originateur) commence par créer le SPV. Ce dernier émet le *sukuk* aux investisseurs et utilise le produit de cette émission pour acheter l'actif du fournisseur/producteur. Le SPV qui est maintenant le propriétaire de l'actif (la propriété signifie que le *sukuk* est *asset-backed*), loue l'actif à l'originateur en contrepartie du paiement de loyers périodiques. Ces loyers sont reversés aux investisseurs comme rendements des *sukuks*. La structure Ijara contient typiquement un contrat de vente implicite permettant à l'originateur d'acheter l'actif au SPV à la fin de la période de location. D'un point de vue *charia*tique, le prix de vente ne doit pas être fixé préalablement, mais déterminé à la fin de la période de location en fonction des conditions du marché au moment du rachat. Le graphique ci-dessous indique la structuration d'un *sukuk* Ijara avec l'ensemble des acteurs impliqués dans l'opération :

Graphique 18 : *Sukuk* Ijara (*lease-based*):

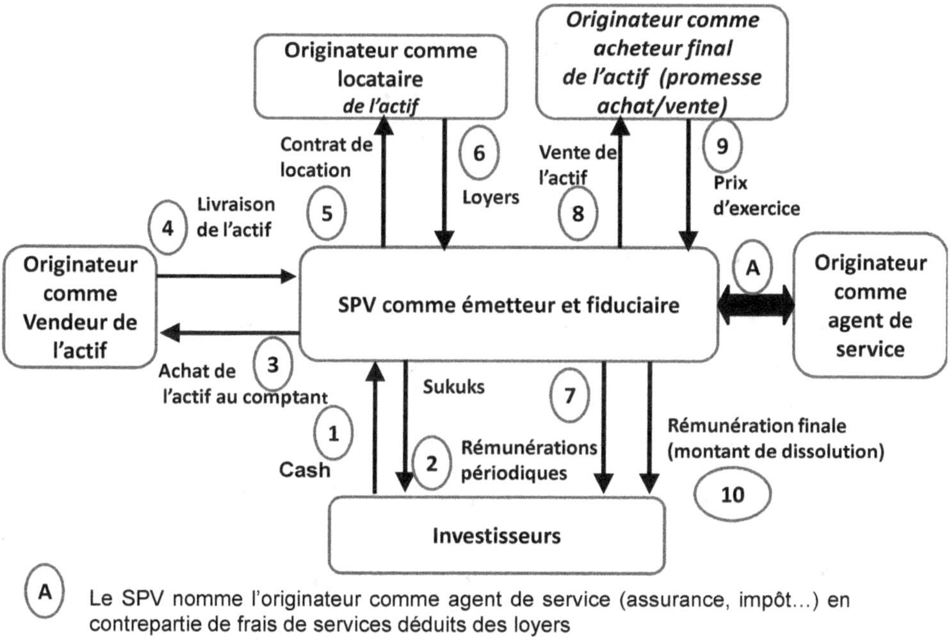

➢ Structure générale du *sukuk* Ijara :

1. Le SPV, comme émetteur, émet les *sukuks* qui représentent des titres de propriété indivisibles dans un actif sous-jacent ou une transaction. Ils représentent également un droit vis-à-vis du SPV

qui doit effectuer le paiement de distributions périodiques et le montant final de dissolution.

2. Les investisseurs souscrivent aux *sukuks* et versent le capital au SPV (le montant principal). Le SPV en tant qu'émetteur déclare une fiducie (*trust*) sur le capital levé et agit ainsi comme fiduciaire (*trustee*) au nom des investisseurs.

3. L'originateur entre dans le contrat de vente et d'achat avec le *trustee*. Conformément à cette promesse, l'originateur est d'accord pour vendre et le *trustee* est d'accord pour acheter certains actifs à l'originateur.

4. Le *trustee* paye à l'originateur le prix d'achat des actifs d'un montant égal au montant du principal.

5. Le *trustee* loue les actifs à l'originateur sous un contrat séparé de location (Ijara) pour une durée qui reflète la maturité des *sukuks*.

6. L'originateur en tant que locataire (*lessee*) verse des loyers à des intervalles réguliers au *trustee* comme bailleur (*lessor*). Le montant de chaque loyer est égal au montant de la distribution périodique payable selon le *sukuk* à cette période précise. Ce montant peut être calculé par référence à un taux fixe ou à un taux variable (par exemple le LIBOR) selon la dénomination du *sukuk* et avec l'accord préalable des deux parties.

7. Le SPV en tant qu'émetteur verse chaque distribution périodique aux investisseurs en utilisant pour cela les loyers reçus de la part de l'originateur.

8. À la suite :

   a. D'un évènement de défaut ou à la maturité (à l'initiative du *trustee* sous l'accord de rachat).

b. De l'exercice de l'option d'achat (*call*) / promesse de rachat (si applicable au *sukuk*) ou à la suite d'un évènement fiscal (les deux à l'initiative de l'originateur sous la promesse de vente), le *trustee* va vendre, et l'originateur va racheter (*buyback*) les actifs au prix d'exercice applicable, qui sera égal au montant principal plus les distributions périodiques non réglées et dues aux investisseurs.

9. Paiement du prix d'exercice par l'originateur (comme débiteur : *obligor*)

10. Le SPV en tant qu'émetteur paye le montant de dissolution aux investisseurs en utilisant le prix d'exercice reçu de l'originateur.

Le *trustee* et l'originateur entrent dans un contrat d'agence ou de service par lequel le premier appointe le second comme son agent de service (A) pour remplir en son nom un certain nombre d'obligations relatives au contrat Ijara, à savoir les obligations de maintenance, d'assurance (*takaful*) et le paiement des impôts et taxes en lien avec les actifs. Dans la mesure où l'originateur (comme agent de service) réclame des sommes d'argent pour couvrir les coûts d'entretien (*servicing costs*) et d'autres dépenses, les loyers relatifs aux périodes ultérieures seront augmentés par un montant équivalent. Ce loyer supplémentaire dû par l'originateur (comme locataire) sera déduit des sommes dues par le *trustee* à l'originateur au titre des dépenses de maintenance et autres dépenses.

Le tableau et le graphique ci-dessous concernent le *sukuk* Orasis émis par Legendre Patrimoine. Il s'agit du premier *sukuk* français de type Ijara ouvert au grand public. L'objectif est de financer des centrales électriques photovoltaïques en France et dans les DOM-TOM :

Tableau 8 : *Sukuk* Ijara Orasis (France)

Structureur	Legendre Patrimoine
Taille de l'émission	Variable
Date de l'émission	Variable
Type du sukuk	Sukuk Ijara
Nominal à soucrire	5 000 €
Coupon	Loyers de 7 % en augmentation de 1 % chaque année
Remboursement	Dissolution au prix du marché à la quinzième année, avec option d'achat (*call*) à l'année 10 (pour ceux qui ne souhaitent pas forcément se conformer à la charia)
Secteur d'activité	Energie solaire
Véhicule d'investissement	Société en participation (SEP)
Certification charia	Comité Indépendant de la Finance Islamique en Europe

Source : Legendre Patrimoine

Graphique 19 : Structuration du *Sukuk* Ijara Orasis

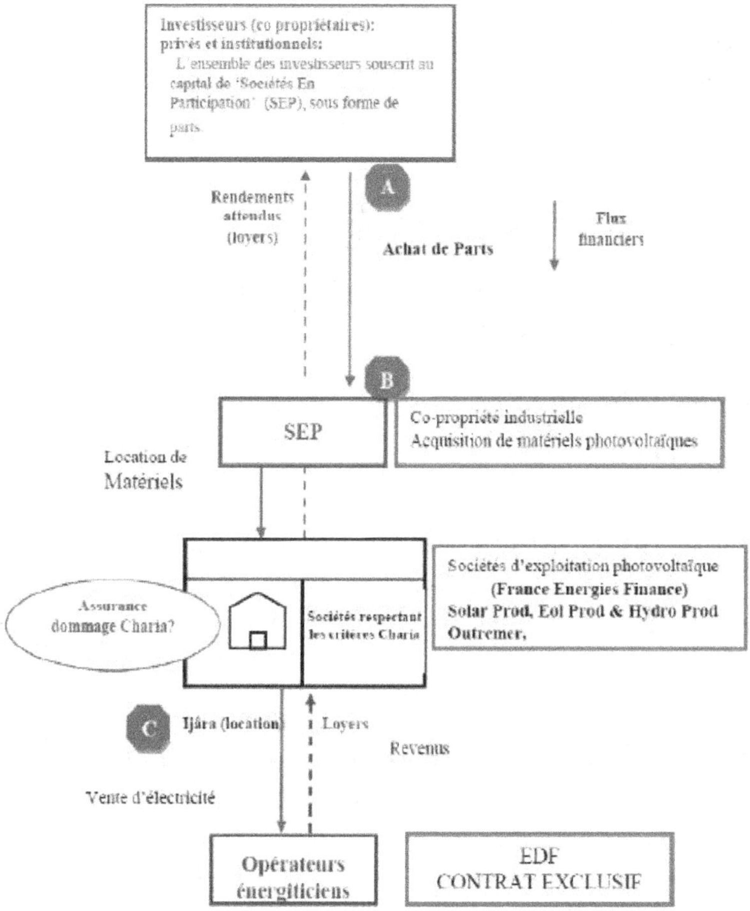

Source : Legendre Patrimoine

➤ Contrats nécessaires pour la structuration du *Sukuk* Ijara :

Les documents requis pour la structuration d'un *sukuk* Ijara sont les suivants :

1. Contrat de vente et contrat d'achat (*Purchase Agreement*)

Les parties:

- Originateur (vendeur)
- *Trustee*/SPV (acheteur)

Objectifs :

- Originateur : c'est le document qui lui permet de lever les fonds.
- *Trustee* : c'est le document qui lui donne la propriété des revenus générés par l'actif.

2. Contrat de location (*Leasing Agreement*)

Les parties:

- Originateur (locataire)
- *Trustee*/SPV (bailleur)

Objectifs :

- Originateur : cela lui donne le droit d'utilisation des actifs, et lui permet de continuer son activité sans interruption.
- *Trustee* : cela génère des revenus pour le *trustee* au nom des investisseurs.

3. Contrat d'agent de service (Service *Agency Agreement*)

Les parties:

- Originateur (Agent de service)
- *Trustee*/SPV (bailleur)

Objectifs :

- Originateur : cela donne l'opportunité de déduire certaines sommes qui peuvent être ajoutées au prix d'exercice à maturité ou des loyers supplémentaires en contrepartie des remboursements des frais de service.

- *Trustee* : cela lui permet de passer la responsabilité de la maintenance de l'actif à l'originateur.

4. Contrat de vente et promesse de rachat (*waad'*)

Les parties:

- Originateur (garant)
- *Trustee*/SPV (au nom des investisseurs)

Objectifs :

- Originateur : cela lui permet de racheter l'actif à la maturité.
- *Trustee* : cela permet aux investisseurs de revendre l'actif à l'originateur en cas d'évènement de défaut ou à maturité. Dans ce cas, l'originateur est obligé de payer tous les montants qui restent à régler (à travers un prix d'exercice) permettant ainsi au *trustee* de payer les investisseurs.

4.2-Le *sukuk* Salam

Le contrat Salam est la vente d'une marchandise donnée et bien définie à la fois au niveau de la quantité et de la qualité, et qui sera délivrée à l'acheteur à une date future fixée et connue contre un paiement total au comptant. Le *sukuk* Salam est un véhicule d'investissement très utile pour le court terme puisque le financement des marchandises qu'il permet tend à être de maturité courte allant de trois mois à un an. Pour structurer un *sukuk* Salam, un SPV est créé pour acheter une marchandise/matière première telle que du pétrole brut ou de l'aluminium sur une base de contrat Salam, par lequel le prix d'achat est entièrement payé l'avance (*up front*) grâce à l'argent levé par l'émission du *sukuk*. La livraison de la marchandise achetée est effectuée à une date future spécifiée et, suite au contrat Salam, il y a une promesse faite par le bénéficiaire d'acheter la marchandise au SPV à la date de livraison prévue.

En plus d'être de court terme, le *sukuk* Salam présente une autre caractéristique spécifique. Du fait qu'il consiste en une dette financière pure et qu'il est quelque part déconnecté du risque/rendement de l'actif sous-jacent, la *charia* le traite comme un titre de dette qui ne peut être échangé sur le second marché ni avec décote ni avec prime. Sinon cela va introduire un mécanisme permettant le *riba* ou l'intérêt dans la transaction. Cette caractéristique affecte défavorablement la cessibilité et la négociabilité des certificats Salam sur les seconds marchés. En conséquence, les investisseurs n'ont pas d'autre option que de les détenir jusqu'à leur maturité (*hold to maturity*).

Toutes les exigences de la *charia* qui s'appliquent au Salam, s'appliquent également au *sukuk* Salam, comme le paiement à l'avance de l'acheteur à la date de la vente, la standardisation et la nature de l'actif sous-jacent, l'énumération claire de la quantité, de la qualité, la place et la date de livraison de l'actif. Une des conditions de la *charia* relatives au Salam mais aussi pour la création du *sukuk* Salam est que les marchandises achetées ne soient pas revendues avant leur possession à la maturité. De telles transactions sont assimilées à la vente de dette interdite.

L'émetteur des certificats est le vendeur des marchandises du Salam, les souscripteurs sont les acheteurs des marchandises et les fonds levés représentent le prix d'achat (le capital Salam). Les détenteurs des *sukuks* Salam, comme propriétaires des marchandises, ont un droit de regard sur le prix de vente des *sukuks* ou sur celui des marchandises si c'est prévu, avec un contrat Salam parallèle.

Les titres basés sur le contrat Salam peuvent être créés et vendus par un SPV qui lève des fonds auprès d'investisseurs à l'avance en contrepartie d'une promesse de livrer la marchandise à une date future. Le SPV peut appointer un agent pour commercialiser la quantité promise à la date de livraison qui peut être vendue à un prix supérieur. La différence entre le prix d'achat (décôté du fait de l'avance d'argent) et le prix de vente constitue le profit du SPV et donc celui des détenteurs des *sukuks*.

➢ Caractéristiques clés de la structuration d'un *sukuk* Salam :

- Les actifs du Salam doivent être tels que leur spécification soit possible au moment de la vente, ce qui permet à l'originateur de s'y référer.
- La quantité, la qualité et la date de livraison des actifs Salam doivent être clairement connues par toutes les parties pour éviter toute incertitude ou ambiguïté (*gharar*).
- La vente des actifs Salam du *trustee* à l'originateur ne peut être réalisée qu'après que l'originateur a délivré les actifs Salam au *trustee* (obligation de propriété).

Le graphique ci-dessous indique la structuration d'un *sukuk* Salam avec l'ensemble des acteurs impliqués dans l'opération :

Graphique 20 : *Sukuk* Salam (*sale-based*)

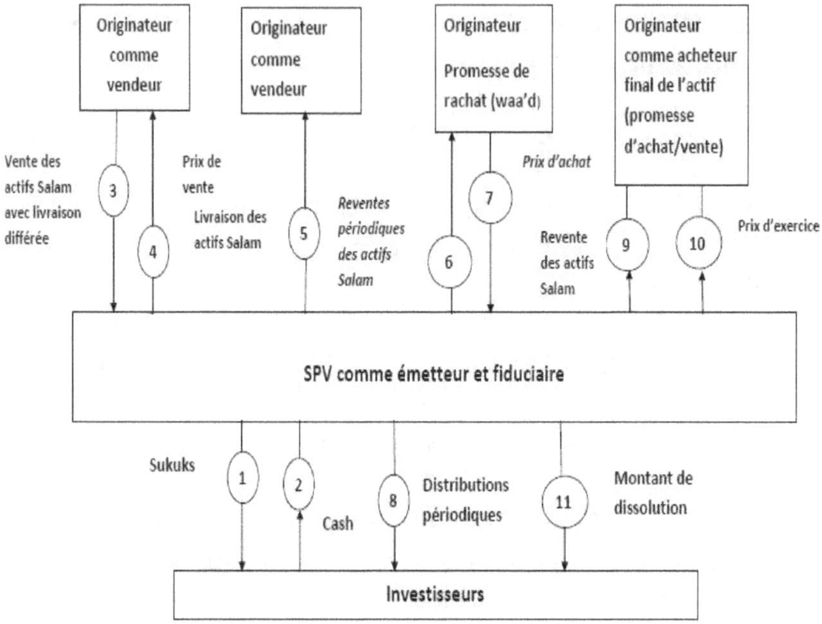

Source : *Sukuks Guidebook*, DIFC et Auteur

➢ Structure générale du *sukuk* Salam :

1. Le SPV, comme émetteur, émet les *sukuks* qui représentent des titres de propriété indivisibles dans certains actifs sous-jacents (les actifs Salam) à délivrer par l'originateur. Ils représentent également un droit vis-à-vis du SPV qui doit effectuer le paiement de distributions périodiques et du montant final de dissolution.

2. Les investisseurs souscrivent les *sukuks* et versent le capital au SPV (le montant principal). Le SPV en tant qu'émetteur déclare une fiducie (*trust*) sur le capital levé et agit ainsi comme fiduciaire (*trustee*) au nom des investisseurs.

3. L'originateur entre dans un contrat de vente et d'achat avec le *trustee*. Conformément à cette promesse, l'originateur est d'accord pour vendre, et le *trustee* est d'accord pour acheter les actifs Salam de l'originateur avec, conformément au contrat Salam, un paiement immédiat et une livraison différée. La quantité d'actifs Salam vendue sera construite au début. Des livraisons périodiques de proportions des actifs Salam seront effectuées durant la vie des *sukuks* (pour permettre le paiement des montants de distributions périodiques), ainsi qu'une livraison finale de la proportion des actifs restants à la maturité ou en cas de rachat prématuré du *sukuk* (pour permettre le paiement du prix d'exercice).

4. Le *trustee* paye le prix de vente à l'originateur en considération de son achat des actifs Salam d'un montant égal au montant du principal.

5. Avant chaque période pour laquelle les montants de distributions périodiques sont dus aux investisseurs, l'originateur délivre une proportion des actifs Salam au *trustee*.

6. L'originateur (comme débiteur) achète une proportion des actifs Salam au *trustee* pour un prix d'achat prédéterminé.

7. L'originateur paye le prix d'achat en contrepartie de l'achat de proportion des actifs Salam. Le montant de chaque prix d'achat est égal au montant des distributions périodiques payable sous le *sukuk* à cette période précise. Ce montant peut être calculé par référence à un taux fixe ou à un taux variable (par exemple le LIBOR) selon la dénomination du *sukuk* et avec l'accord préalable des deux parties.

8. Le SPV en tant qu'émetteur verse chaque distribution périodique aux investisseurs en utilisant le prix d'achat qu'il a reçu de l'originateur.

9. À la suite :

a. D'un évènement de défaut ou à la maturité (à l'initiative du *trustee* sous l'accord de rachat).

b. De l'exercice de l'option d'achat (*call*)/promesse de rachat (si applicable au *sukuk*) ou à la suite d'un évènement fiscal (les deux à l'initiative de l'originateur sous la promesse de vente), l'originateur est obligé de livrer tous les actifs Salam (non encore livrés) au *trustee* ; celui-ci va vendre et l'originateur va acheter les actifs Salam au prix d'exercice, qui sera égal au montant principal plus les distributions périodiques dues mais non encore réglées et qui reviennent aux investisseurs.

10. Paiement du prix d'exercice par l'originateur (comme débiteur : *obligor*)

11. Le SPV en tant qu'émetteur paye le montant de dissolution aux investisseurs en utilisant le prix d'exercice reçu de l'originateur.

➢ Les documents requis pour la structuration d'un *sukuk* Salam :

1. Contrat Salam

Les parties:

- Originateur (vendeur)
- *Trustee*/SPV (acheteur)

Objectifs :

- Originateur : c'est le document qui lui permet de recevoir les fonds.
- *Trustee* : c'est le document qui donne le droit de recevoir la livraison des actifs Salam. Une fois reçus, les actifs seront

directement vendus pour générer des revenus et servir les détenteurs des *sukuks*.

2. Contrat de vente et promesse de rachat (*waad'*)

Les parties:

- Originateur (débiteur)
- *Trustee*/SPV (au nom des investisseurs)

Objectifs :

- Originateur : cela lui permet de racheter les actifs du Salam à la date de maturité.
- *Trustee* : cela lui permet de revendre les actifs du Salam à l'originateur dans le cas d'un évènement de défaut ou à maturité. Dans ce cas, l'originateur est obligé de payer tous les montants qui restent à régler (à travers un prix d'exercice) permettant ainsi au *trustee* de payer les investisseurs.

4.3-Le *sukuk* Mourabaha

Dans l'industrie financière islamique, le terme Mourabaha se réfère à un accord contractuel entre un financier (le vendeur) et un client (l'acheteur) par lequel le financier vend des actifs spécifiés ou des marchandises au client avec livraison immédiate et paiement différé conformément au contrat Mourabaha. Le prix différé inclut le coût d'achat auquel le financier a acheté l'actif/marchandise plus une marge bénéficiaire (*mark-up*) consentie par les deux parties concernées. Cette marge représente le profit généré par son engagement dans l'activité. Le paiement du prix différé du client peut être structuré en paiements périodiques à des dates spécifiées au début, créant ainsi un flux de revenus pour la durée de la transaction. Les mêmes caractéristiques de la structure Mourabaha peuvent être adaptées pour la structure d'émission d'un *sukuk* Mourabaha. Les fonds levés auprès d'investisseurs en contrepartie des *sukuks* Mourabaha sont utilisés par le SPV (fiduciaire ou *trustee* au nom des investisseurs, et Rab Al-Mal) émetteur des *sukuks* pour acquérir des marchandises et les revendre à l'originateur (acheteur) afin de générer des revenus grâce aux remboursements différés et qui seront distribués aux investisseurs tout au long de la durée du *sukuk*.

Les *sukuks* Mourabaha sont des certificats de valeurs égales émis dans le but de financer l'achat de biens par le biais de la Mourabaha de façon à ce que les détenteurs des *sukuks* deviennent les propriétaires de la marchandise. L'émetteur du certificat est le vendeur de la marchandise, les souscripteurs sont les acheteurs et les fonds levés représentent le coût de la marchandise. Les détenteurs des certificats possèdent la marchandise Mourabaha et ont un droit de regard sur le prix final de la revente de celle-ci.

Les *sukuks* Mourabaha représentent essentiellement des droits à des parts de créances dues par l'acheteur, et leur négociation sur les seconds marchés n'est pas permise par la *charia* sauf à la valeur faciale (et non pas avec décote ou prime comme cela peut être le cas pour des obligations conventionnelles), du fait qu'ils représentent une dette due par l'acheteur ultérieur de la marchandise aux détenteurs des *sukuks* et qu'un tel *trading* constitue une dette sur une base différée (*riba*). Ceci réduit la popularité des *sukuks* Mourabaha pour des investisseurs potentiels. Ils sont cependant devenus populaires en Malaisie où l'interprétation du *fiqh* par les jurisconsultes malaisiens est plus libérale dans la mesure où elle permet la vente de la dette (*bay'al-dayn*) à un prix négocié. Signalons tout de même que malgré le fait qu'ils représentent une dette, les *sukuks* Mourabaha peuvent être négociés s'ils forment une petite part d'un portefeuille diversifié comprenant principalement d'autres *sukuks* tels que les *sukuks* Ijara, Mousharaka et/ou Moudaraba par exemple. La structure Mourabaha est favorisée dans les transactions de petite taille où les investisseurs achètent les *sukuks* et les gardent jusqu'à leur maturité.

➢ Caractéristiques clés de la structure sous-jacente :

Nous présentons ci-après un résumé des exigences qui doivent être prises en compte lorsqu'on utilise la Mourabaha comme structure sous-jacente à l'émission de *sukuks* :

- Les remboursements (prix différés) doivent être effectués à un taux convenu et à une période donnée.
- Afin d'assurer que le SPV émetteur des *sukuks* obtienne des marchandises en bon état, et ce pour faciliter leur revente à l'originateur, le SPV peut exiger certaines garanties de la part du fournisseur.
- Durant la période de possession des marchandises par le SPV, il y a un risque de variation des prix de marché qui peut être géré en minimisant la durée de détention de la marchandise par le SPV en tant que propriétaire et en spécifiant le prix différé payable par l'originateur (acheteur).
- Si l'originateur demande une livraison physique (à l'inverse d'une livraison fictive), il peut y avoir un risque que la marchandise soit endommagée lors du transport ce qui peut être atténué par un engagement de la part de l'originateur dans l'accord Mourabaha d'accepter la marchandise sur la base « en l'état ».
- Afin de rationaliser le processus administratif impliqué par l'achat des marchandises au fournisseur et sa revente immédiate à l'acheteur, le *trustee* (SPV) peut nommer l'originateur comme son « Agent » acheteur sous un contrat d'agence pour acheter les marchandises au fournisseur. À la suite de l'achat de marchandises au fournisseur, le *trustee* (comme « Principal ») va vendre les mêmes marchandises à l'originateur (comme acheteur).

- Selon le type de marchandises en question et la juridiction des parties concernées, les taxes dues à l'achat et à la vente des marchandises doivent être considérées.

➢ *Sukuk* Mourabaha : principe et structuration :

Le graphique ci-dessous indique la structuration d'un *sukuk* Mourabaha avec l'ensemble des acteurs impliqués dans l'opération :

Graphique 21 : *Sukuk* Mourabaha (*sale-based*)

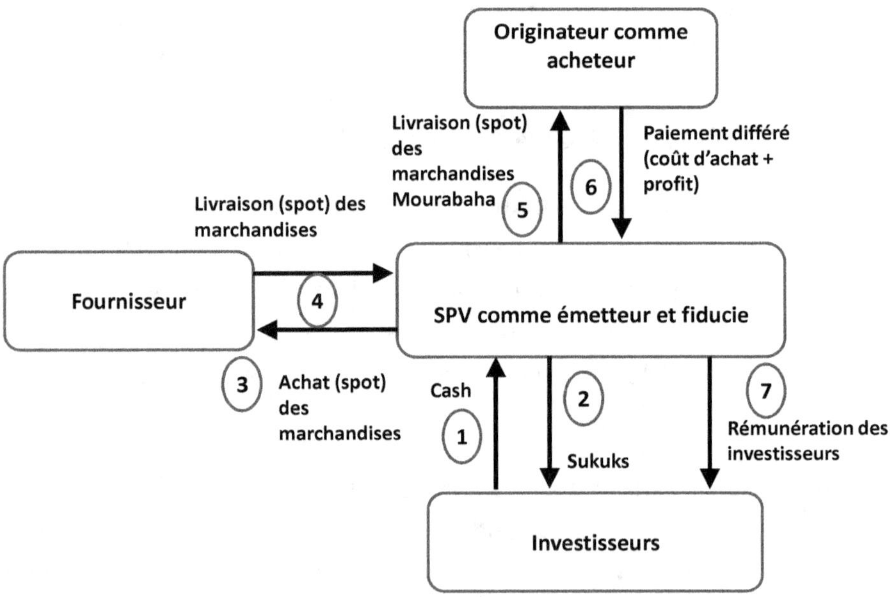

Source : *Sukuks Guidebook*, DIFC et Auteur

➢ Structure générale du *sukuk* Mourabaha

1. Le SPV, comme émetteur, émet les *sukuks* qui représentent des titres de propriété indivisibles dans un actif sous-jacent ou une transaction. Ils représentent également un droit vis-à-vis du SPV qui doit effectuer le paiement du prix différé.

2. Les investisseurs souscrivent les *sukuks* et versent le capital au SPV (le montant principal). Le SPV en tant qu'émetteur déclare une fiducie (*trust*) sur le capital levé et agit ainsi comme fiduciaire (*trustee*) au nom des investisseurs.

3. L'originateur (comme acheteur) entre dans un contrat Mourabaha avec le *trustee*. Conformément à ce contrat, le *trustee* est d'accord pour vendre et l'originateur est d'accord pour acheter certains actifs ou marchandises, pour une livraison immédiate et un paiement différé. La période du paiement du prix différé reflète la maturité du *sukuk*. Le *trustee* achète les marchandises à une tierce partie (fournisseur) pour un coût d'achat représentant le montant principal, avec paiement comptant.

4. Le fournisseur livre immédiatement les marchandises au *trustee* en contrepartie du coût d'achat.

5. Le *trustee* (comme vendeur) revend les marchandises à l'originateur dès leur réception et en accord avec les termes du contrat Mourabaha.

6. L'originateur (comme acheteur) effectue des paiements du prix différé à intervalles réguliers au *trustee* (comme vendeur). Le montant de chaque tranche du prix différé est égal au rendement payable sous le *sukuk* à cette période précise.

7. Le *trustee* paye chaque tranche du prix différé aux investisseurs en utilisant pour cela les montants reçus de la part de l'originateur.

➢ Documents requis pour la structuration d'un *sukuk* Mourabaha :

1. Contrat Mourabaha

Les parties:

- Originateur (acheteur)
- *Trustee*/SPV (vendeur)

Objectifs :

- Originateur : cela lui permet de recevoir les marchandises avec un paiement différé.
- *Trustee* : ce document explique comment vendre des marchandises à l'originateur avec livraison immédiate et paiement différé.

2. Contrat de vente et d'achat

Les parties:

- *Trustee*/SPV (acheteur) et fournisseur des marchandises (fournisseur).

Objectifs :

- *Trustee* : il achète les marchandises au fournisseur avec livraison et paiement immédiats.

4.4- Les *sukuks* Istisna'

L'Istisna' est une vente où l'actif échangé n'existe pas encore. Un acheteur demande à un industriel de produire pour lui un actif bien spécifié et de le lui livrer à un prix connu, et à une date convenue à l'avance. Le prix est forfaitaire ou payable par échelonnements à des dates précisées d'un commun accord. Les *sukuks* Istisna' sont des certificats de valeurs égales émis dans le but de lever des fonds nécessaires pour la fabrication de produits qui sont la propriété des détenteurs de *sukuks*. L'émetteur de ces certificats est le fabricant (fournisseur/vendeur), les souscripteurs sont les acheteurs de la marchandise en question, et les fonds mobilisés représentent le coût du produit. Les détenteurs des certificats possèdent le produit et ont un droit de regard sur le prix de vente des certificats ou le prix de vente de produit vendu sur la base d'un Istisna' parallèle éventuel. Les *sukuks* Istisna' sont très utilisés pour financer des grands projets d'infrastructures. La pertinence de l'Istisna' pour l'intermédiation financière est basée sur la possibilité pour l'entrepreneur dans l'Istisna' d'entrer dans un contrat Istisna' parallèle avec un sous-traitant. Ainsi, une institution financière peut entreprendre la construction d'une installation donnée pour un prix différé et la sous-traiter à une société spécialisée. L'interdiction du *riba* par la *charia* empêche la vente de ces certificats de dette à une tierce partie à un prix autre que leur valeur faciale.

➢ Caractéristiques clés de la structuration d'un *sukuk* Istisna' :

- Le prix de l'actif et la date de livraison doivent être spécifiés et fixés au début.

- La mise en œuvre d'un accord de location futur (Ijara *mawsoufa al-dhimma* : Forward Lease Agreement) : une avance de loyers est prise en compte (comme loyers payés) et doit être remboursée si les actifs n'ont pas été envoyés pour être loués.

- Après la livraison des actifs, les principes de base du contrat Ijara sont appliqués.

- La *charia* interdit la vente de ces certificats à une tierce partie à un prix autre que leur valeur faciale. En conséquence, il est très difficile de négocier de tels certificats sur les marchés secondaires.

➢ *Sukuk* Istisna' : principe et structuration

Le graphique ci-dessous indique la structuration d'un *sukuk* Istisna' avec l'ensemble des acteurs impliqués dans l'opération :

Graphique 22 : *Sukuk* Istisna' (*sale-based*)

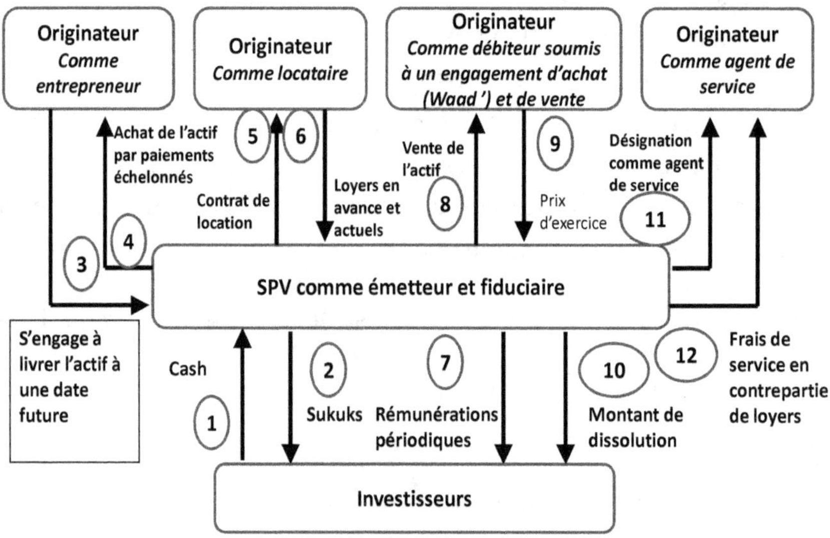

Source : *Sukuks Guidebook*, DIFC et Auteur

➢ Structure générale du *sukuk* Istisna' :

1. Le SPV, comme émetteur, émet les *sukuks* qui représentent des titres de propriété indivisibles dans un actif sous-jacent ou une transaction. Ils représentent également un droit vis-à-vis du SPV qui doit effectuer le paiement de distributions périodiques et le montant final de dissolution.

2. Les investisseurs souscrivent les *sukuks* et versent le capital au SPV (le montant principal). Ce dernier, en tant qu'émetteur, déclare une fiducie (*trust*) sur le capital levé et agit ainsi comme fiduciaire (*trustee*) au nom des investisseurs.

3. L'originateur entre dans un contrat Istisna' avec le *trustee*. Conformément à ce contrat, l'originateur est d'accord pour fabriquer ou construire certains actifs et s'engage à les livrer à une date future, et le *trustee* donne son accord pour commander ces actifs pour une livraison à ladite date.

4. Le *trustee* paye le prix d'achat (paiements par étapes) à l'originateur en considération des actifs d'un montant total égal au montant principal.

5. Le *trustee* loue les actifs à l'originateur sous un contrat séparé de location (Ijara *mawsoufa al-dhimma*) pour une durée qui reflète la maturité des *sukuks*.

6. L'originateur en tant que locataire (*lessee*) paye :

a. Les loyers en avance avant la livraison des actifs.

b. Les loyers actuels suivant la livraison des actifs à intervalles réguliers au *trustee* (comme bailleur), de montants égaux aux montants des distributions périodiques payables sous le *sukuk* à cette date précise. Ces montants peuvent être calculés par référence à un taux fixe ou à un taux variable (par exemple le LIBOR) selon la dénomination du *sukuk* et avec l'accord préalable des deux parties.

7. Le SPV en tant qu'émetteur verse chaque distribution périodique aux investisseurs utilisant en cela les loyers reçus d'avances, ou les loyers actuels qu'il a reçu de la part de l'originateur.

8. En supposant que la livraison des actifs a eu lieu, à la suite :

a. D'un évènement de défaut ou à la maturité (à l'initiative du *trustee* sous l'accord de rachat).

b. De l'exercice de l'option d'achat (*call*) / promesse de rachat (si applicable au *sukuk*) ou à la suite d'un évènement fiscal (les deux à l'initiative de l'originateur, sous la promesse de vente), le SPV vend les actifs à l'originateur.

9. Paiement du prix d'exercice par l'originateur (comme débiteur) ou, en cas de résiliation qui intervient avant la livraison des actifs, paiement du montant de la résiliation Istisna' par l'originateur (comme entrepreneur : contractant).

10. Le SPV en tant qu'émetteur paye le montant de dissolution aux investisseurs en utilisant le prix d'exercice (ou, en cas de résiliation, le paiement de résiliation Istisna') reçu de la part de l'originateur.

11. Le *trustee* et l'originateur entrent dans un contrat d'agence ou de service par lequel le premier appointe le second comme son agent, et à partir de la livraison des actifs, pour remplir en son nom un certain nombre d'obligations relatives au contrat Ijara, à savoir les obligations de maintenance, d'assurance (*takaful*) et le paiement des impôts et taxes en relation avec les actifs.

12. Dans la mesure où l'originateur (comme agent de service) réclame des sommes d'argent pour couvrir les coûts d'entretien (*servicing costs*) et autres dépenses, les loyers pour les périodes ultérieures seront augmentés d'un montant équivalent. Ce loyer supplémentaire dû par l'originateur (comme locataire) sera déduit des sommes dues par le *trustee* à l'originateur au titre des dépenses de maintenance et autres dépenses (*servicing costs*).

➢ Contrats nécessaires pour la structuration du *sukuk* Istisna' :

1. Contrat Istisna'

Les parties:

- Originateur (entrepreneur)
- *Trustee*/SPV (acheteur)

Objectifs :

- Originateur : c'est le document qui lui permet de recevoir les fonds
- *Trustee* : c'est le document qui donne la propriété d'actifs générant des revenus à l'avenir.

2. Contrat Ijara *mawsoufa al-dhimma* (Forward Lease Agreement)

Les parties:

- Originateur (locataire)
- *Trustee*/SPV (bailleur)

Objectifs :

- Originateur : c'est le document qui lui permet de payer des loyers avant la livraison des actifs et de les louer après celle-ci.
- *Trustee* : c'est le document qui lui permet de recevoir un rendement généré par les loyers (*debt-based return*).

3. Contrat d'agent de service

Les parties:

- Originateur (agent de service)
- *Trustee*/SPV (bailleur)

Objectifs :

- Originateur : cela donne l'opportunité de déduire certaines sommes qui peuvent être ajoutées aux prix d'exercice à maturité ou des loyers supplémentaires en contrepartie des remboursements des frais de service.

- *Trustee* : cela permet de transférer la responsabilité de la maintenance de l'actif à l'originateur.

4. Vente et promesse de rachat (*waad'*)

Les parties:

- Originateur (débiteur)

- *Trustee*/SPV (au nom des investisseurs)

Objectifs :

- Originateur : cela lui permet de racheter l'actif Istisna' à la maturité.

- *Trustee* : cela permet aux investisseurs de revendre l'actif à l'originateur en cas d'évènement de défaut ou à maturité. Dans ce cas, l'originateur est obligé de payer tous les montants qui restent à régler (à travers un prix d'exercice) permettant ainsi au *trustee* de payer les investisseurs.

4.5- Les *sukuks* Moudaraba

La Moudaraba est un contrat de partage des pertes et des profits dans lequel une partie (*rab al-Mal*) fournit le capital et l'autre (le *moudarib*) son expertise pour gérer un projet. Tout bénéfice est partagé selon un ratio de répartition défini à l'avance et toute perte est supportée par le financier (*rab al- mal*) sauf dans le cas de négligence ou de mauvaise conduite du *moudarib*. La Moudaraba restreinte (Restricted Moudaraba Agreement) est une variante de la Moudaraba dans laquelle le *moudarba* est lié par certaines restrictions relatives au secteur/zone/projet dans lesquels il peut investir le capital. Les restrictions sont convenues en amont dans le contrat.

Le *sukuk* Moudaraba est basé sur un contrat Moudaraba où le capital est fourni par un *pool* d'investisseurs en contrepartie de certificats pour financer un projet spécifique mené par un entrepreneur (*moudarib*) avec un accord de partage des revenus. Les *sukuks* Moudaraba n'ont pas un actif tangible comme collatéral, mais dépendent des revenus générés par le projet financé (*asset-backed*). En cela ils sont proches des obligations conventionnelles. Ces *sukuks* sont appropriés pour entreprendre des projets de construction de routes, d'autoroutes ou d'autres projets d'infrastructures. Les investisseurs ont le droit de partager les revenus générés par le projet et n'ont aucun recours contre le *moudarib*. À l'expiration de la période de souscription spécifiée, l'investisseur a le droit de transférer la propriété par la vente sur les marchés financiers à sa discrétion. L'émetteur des *sukuks* Moudaraba est le *moudarib*, les souscripteurs sont les apporteurs de capitaux (R*ab Al Mal*). Les propriétaires des certificats possèdent les actifs de la Moudaraba et la part des profits convenue à l'avance. Les pertes éventuelles sont supportées par les apporteurs des capitaux uniquement. Les *sukuks* Moudaraba sont comme les actions dans la mesure où les rendements sont variables et dépendent des profits (ou des pertes) du projet.

➢ *Sukuk* Moudaraba : principe et structuration

Le graphique ci-dessous indique la structuration d'un *sukuk* Moudaraba avec l'ensemble des acteurs impliqués dans l'opération :

Graphique 23 : *Sukuk* Moudaraba (*equity-based*)

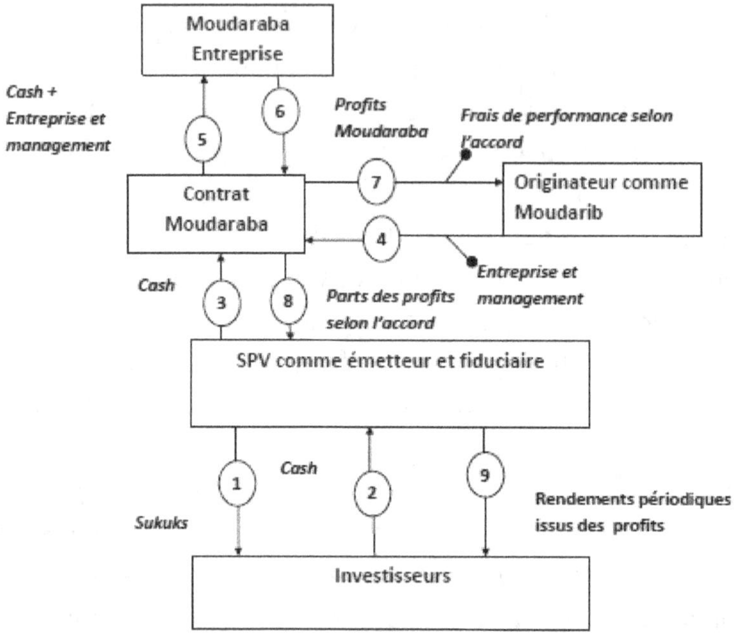

Source : *Sukuks Guidebook*, DIFC et Auteur

➢ Structure générale du *sukuk* Moudaraba :

1. Le SPV, comme émetteur, émet les *sukuks* qui représentent des titres de propriété indivisibles dans un actif sous-jacent ou une transaction. Ils représentent également un droit vis-à-vis du SPV qui doit effectuer le paiement des rendements périodiques attendus issus des bénéfices de la Moudaraba.

2. Les investisseurs souscrivent les *sukuks* et versent le capital au SPV (le montant principal). Ce dernier en tant qu'émetteur déclare une fiducie (*trust*) sur le capital levé et agit ainsi comme fiduciaire (*trustee*) au nom des investisseurs.

3. Le *trustee* (SPV, comme *rab al-mal*) entre dans un contrat Moudaraba avec l'originateur (comme *moudarib*). Selon ce contra, t le *trustee* donne son accord pour fournir le montant principal pour un projet d'entreprise Moudaraba conforme à la *charia*.

4. L'originateur comme Moudarib donne son accord pour apporter son savoir-faire et son expertise au projet Moudaraba conforme à la *charia*, avec la responsabilité de gérer les capitaux apportés par le *rab al-mal* en respectant les consignes précises des investisseurs.

5. Le SPV comme émetteur et l'originateur entrent dans un contrat Moudaraba avec l'objectif de générer des bénéfices à partir du montant principal.

6. Les bénéfices générés par le projet Moudaraba (entreprise Moudaraba) sont partagés entre l'émetteur (SPV) et l'originateur (comme *moudarib*) selon les ratios de partage des bénéfices précisés dans le contrat, et courent pour toute la durée du projet.

7. En plus de sa part dans les bénéfices, l'originateur (comme *moudarib*) peut prétendre à une rémunération liée à la performance (*performance fee*), si les profits générés par le projet Moudaraba excèdent un rendement de référence (*benchmark* ou *hurdle rate* souvent utilisé en finance conventionnelle et notamment dans la *private equity*). Cette rémunération, si elle existe, sera calculée à la fin du terme de la Moudaraba et à sa liquidation.

8. Le SPV reçoit les bénéfices et les détient comme *trustee* au nom des investisseurs.

9. L'émetteur SPV (comme *trustee*) paye chaque rendement périodique aux investisseurs en utilisant les profits reçus selon le contrat Moudaraba.

Nous présentons ci-après le *sukuk* Al Farooj, premier *sukuk* de type Moudaraba émis en 2012 selon la loi française. La souscription a été réservée à un nombre restreint d'investisseurs privés. Le certificat de conformité a été délivré par ACERFI. Les fonds levés d'un montant de 350 000 € ont permis le financement d'une chaîne de restauration rapide conforme à la *charia* (*halal*) (tableau suivant) :

Tableau 9 : *Sukuk* Moudaraba Al Farooj (France)

Émetteur	Al Farooj France Gestion
Date d'émission	10 juillet 2012
Echéance (5 ans)	10 juillet 2015 (extension possible jusqu'au 10 juillet 2016 et 2017)
Taille de l'émission	350 000 euros
Coupon attendu	8 % par an
Type de *sukuk*	Moudaraba
Loi applicable	Loi française : articles L 228-38 du code du commerce.

Source : Al Farooj France SAS

➢ Contrats nécessaires pour la structuration du *Sukuk* Moudaraba :

1. Contrat de Moudaraba

Les parties:

- Originateur (*moudarib*)
- *Trustee*/SPV (*rab al-mal*)

Objectifs :

- Originateur : c'est le document qui lui permet de lever les fonds et signer un accord pour un partage des profits.

- *Trustee* : c'est le document qui leur permet d'investir le montant principal et d'avoir droit au partage des profits convenu.

2. Vente et promesse de rachat (*waad'*)

Les parties:

- Originateur (débiteur : *obligor*)
- *Trustee*/SPV (au nom des investisseurs)

Objectifs :

- Originateur : cela lui donne le droit de racheter les actifs de la Moudaraba à la date de maturité.
- *Trustee* : cela permet aux investisseurs de revendre les actifs de la Moudaraba à l'originateur si un évènement de défaut survient ou à maturité. Dans ce cas, l'originateur est obligé de payer tous les montants qui restent à régler (à travers un prix d'exercice) permettant ainsi au *trustee* de payer les investisseurs.

4.6-Les *sukuks* Mousharaka

La Mousharaka signifie une relation établie contractuellement par consentement mutuel des parties pour partager les profits et les pertes dans un projet commun. Tous les apporteurs de capitaux ont le droit de participer à la gestion du projet s'ils le souhaitent mais ils ne le font pas nécessairement. Les profits sont distribués entre les partenaires selon un ratio prédéfini et avec l'accord de toutes les parties, les pertes quant à elles étant limitées strictement et proportionnellement à la contribution de chaque partenaire.

Les *sukuks* Mousharaka sont des certificats de valeurs égales émis dans le but de mobiliser des fonds pour lancer un nouveau projet ou développer un projet existant. Les détenteurs des certificats deviennent les propriétaires du projet ou des actifs de l'activité selon leurs parts respectives dans le capital. Les *sukuks* Mousharaka peuvent être négociés et vendus sur les marchés secondaires.

➢ *Sukuk* Mousharaka : principe et structuration

Les *sukuks* Mousharaka sont basés sur le partenariat et le partage des pertes et des profits et sont assez similaires aux *sukuks* Moudaraba. La différence majeure est que l'entrepreneur est à la fois partenaire avec les investisseurs (le groupe de souscripteurs) mais également *moudarib*. Les premiers *sukuks* Mousharaka ont été émis par des pays comme l'Iran, le Soudan ou encore la Turquie. Dans le cas de l'Iran, ces *sukuks* ont été émis et approuvés par le Conseil de la Monnaie et du Crédit pour financer la Municipalité de Téhéran. La Banque Centrale du Soudan a également utilisé ce type de *sukuk* pour ses interventions de politique monétaire et d'Open Market. En Turquie, le *sukuk* Mousharaka a été émis en 1984 pour financer la construction du pont payant à Istanbul.

Les deux *sukuks* Moudaraba et Mousharaka sont basés sur le principe du partage des pertes et des profits et sont utilisés pour la promotion du partenariat public-privé. Même lorsque les émetteurs de ces *sukuks* sont des institutions du secteur public, la faible transparence qui prévaut dans les affaires éloigne les investisseurs. On peut penser qu'une transparence accrue et une réduction de l'asymétrie d'information pourraient permettre à ces *sukuks* de contribuer davantage au développement des marchés des capitaux islamiques.

Le graphique ci-dessous montre la structuration d'un *sukuk* Mousharaka avec l'ensemble des acteurs impliqués dans l'opération :

Graphique 24 : *Sukuks* Mousharaka (*equity-based*)

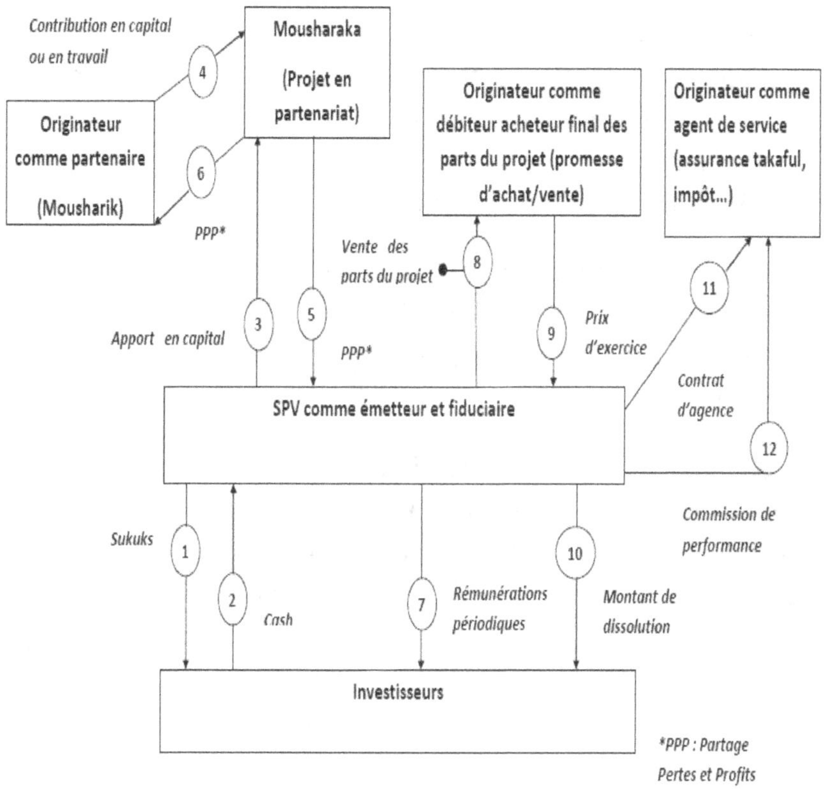

Source : *Sukuks Guidebook*, DIFC et Auteur.

➤ Structure générale du *sukuk* Mousharaka :

1. Le SPV, comme émetteur, émet les *sukuks* qui représentent des titres de propriété indivisibles dans un actif sous-jacent, une transaction ou un projet. Ils représentent également un droit vis-à-vis du SPV qui doit effectuer le paiement de distributions périodiques et du montant final de dissolution.

2. Les investisseurs souscrivent les *sukuks* et versent le capital au SPV (le montant principal). Ce dernier en tant qu'émetteur

déclare une fiducie (*trust*) sur le capital levé et agit ainsi comme fiduciaire (*trustee*) au nom des investisseurs.

3. Le *trustee* (SPV) entre dans un contrat Mousharaka avec l'originateur. Suite à cet accord, il apporte sa contribution financière grâce aux capitaux levés par l'émission des *sukuks* dans la Mousharaka et en contrepartie en prend des parts proportionnellement à sa contribution.

4. L'originateur entre dans un accord Mousharaka avec le *trustee*, apporte sa contribution (capital et travail) dans la Mousharaka et reçoit en contrepartie des parts en proportion de sa contribution.

5. À chaque date de distribution périodique, le *trustee* doit recevoir, comme convenu à l'avance, un pourcentage des bénéfices générés par les actifs Mousharaka, et si le projet génère des pertes, il doit les partager ces pertes en proportion de sa contribution au capital dans la Mousharaka. La part des bénéfices du *trustee* représente typiquement un pourcentage suffisamment élevé pour être au moins égal au montant des distributions périodiques payables sous le *sukuk*.

6. À chaque date de distribution périodique, l'originateur doit recevoir, comme convenu à l'avance, un pourcentage des bénéfices générés par les actifs Mousharaka, et si le projet génère des pertes l'originateur doit les partager en proportion de sa contribution au capital.

7. Le SPV en tant qu'émetteur verse chaque distribution périodique aux investisseurs en utilisant les profits reçus.

8. À la suite :

a. D'un évènement de défaut ou à la maturité (à l'initiative du *trustee* sous l'accord de rachat).

b. De l'exercice de l'option d'achat / promesse de rachat (si applicable au *sukuk*) ou à la suite d'un évènement fiscal (les deux à l'initiative de l'originateur, sous la promesse de vente), le *trustee* va vendre et l'originateur va racheter toutes les parts dans la Mousharaka du *trustee* au prix d'exercice applicable, qui sera d'un montant égal à la part du *trustee* valorisée à la juste valeur des actifs Mousharaka au moment de la vente. Le prix d'exercice sera utilisé pour payer le montant principal plus toute distribution périodique non payée et revenant aux investisseurs.

9. Paiement du prix d'exercice par l'originateur (comme débiteur ou *obligor*).

10. Le SPV en tant qu'émetteur paye le montant de dissolution aux investisseurs en utilisant le prix d'exercice reçu de l'originateur.

11. Le *trustee* et l'originateur entrent dans un contrat de gestion par lequel le premier appointe le second comme gérant pour gérer la Mousharaka selon un *business plan* prédéterminé. Si la part des bénéfices reçus par le *trustee* à n'importe quelle période est supérieure au montant de la distribution périodique, le gérant pourra prétendre à cet excédent comme à une avance sur les frais de performance (*performance fee*). Selon la *charia*, tous les paiements sous la Mousharaka sont réputés être payés sous forme d'acompte et ajustés à la fin de la Mousharaka pour refléter les profits et les pertes finals du projet.

12. En conséquence, tout profit excédentaire payé au gérant est considéré comme une avance sur la rémunération de la performance qui est remboursable pendant toute la durée jusqu'à la fin de la Mousharaka. Typiquement, si pendant n'importe quelle période de distribution il y a un écart entre le profit reçu par le *trustee* et le montant de la distribution

périodique dû, le gérant est obligé de retourner l'avance touchée pour remédier à cet écart (clause de *claw back* utilisée en finance conventionnelle et notamment dans la *private equity*). Cependant, à la fin de la Mousharaka, n'importe quelle avance liée à la performance non requise pour être remboursée peut être définitivement retenue par le gérant.

➢ Caractéristiques clés de la structuration d'un *sukuk* Mousharaka :

- L'agent doit gérer le projet selon le *business plan* prévu et se conformer aux principes de la *charia.*

- L'accord sur le ratio de bénéfices doit être conclu avant la conclusion du contrat. Alors que les pertes sont partagées selon le ratio d'apport de chacun dans la Mousharaka, il n'est pas obligatoire que le ratio de profit suive ces proportions.

- À la fin du *sukuk*, tous les actifs tangibles (minimum 33 % des actifs) et intangibles doivent être liquidés et distribués entre l'originateur et les investisseurs en fonction de leurs contributions respectives au capital.

- Puisque les détenteurs des certificats deviennent les propriétaires du projet ou des actifs de l'activité suivant leurs parts respectives, les certificats Mousharaka peuvent être traités et négociés sur un second marché.

➢ Documents requis pour la structuration d'un *sukuk* Mousharaka :

1. Contrat Mousharaka

Les parties:

- Originateur (partenaire)

- *Trustee*/SPV (partenaire)

Objectifs :

- Originateur : c'est le document qui lui permet de lever les fonds.
- *Trustee* : c'est le document qui donne la propriété des actifs et une part des revenus qu'ils génèrent.

2. Accord de gestion (Management Agreement)

Les parties:

- Originateur (agent de gestion)
- *Trustee*/SPV (partenaire)

Objectifs :

- Originateur : cela lui donne le droit d'utiliser l'actif selon l'accord portant sur le *business plan.*
- *Trustee* : cela lui permet de désigner l'originateur pour gérer les actifs en accord avec le business plan.

3. Vente et promesse de rachat (*waad'*)

Les parties:

- Originateur (débiteur : *obligor*)
- *Trustee*/SPV (au nom des investisseurs)

Objectifs :

- Originateur : cela lui permet de racheter la part du *trustee* dans les actifs dans le contrat Mousharaka à la maturité.
- *Trustee* : cela permet aux investisseurs de revendre les parts de leurs actifs dans le contrat Mousharaka à l'originateur si un évènement de défaut survient ou à maturité. Dans ce cas, l'originateur est obligé de payer tous les montants qui restent à

régler (à travers un prix d'exercice) permettant ainsi au *trustee* de payer les investisseurs.

4.7- Les *sukuks* Istithmar

Le terme Istithmar veut dire investissement. Cependant, il ne signifie pas un contrat particulier. Cela peut être une combinaison de contrats packagés. Dans une structure de *sukuk* Istithmar, il est possible que des contrats Ijara (et les actifs sous-jacents conformes qui sont associés), des créances Mourabaha et/ou des créances Istisna' (chacune générée par l'originateur), mais également des certificats *sukuks* puissent être packagés ensemble et vendus comme investissements. Les revenus générés par un tel investissement peuvent être alors utilisés pour effectuer des paiements périodiques aux investisseurs du *sukuk* Istithmar.

Le graphique ci-dessous indique la structuration d'un *sukuk* Istithmar avec l'ensemble des acteurs impliqués dans l'opération :

Graphique 25 : *Sukuk* Istithmar (*equity-based*)

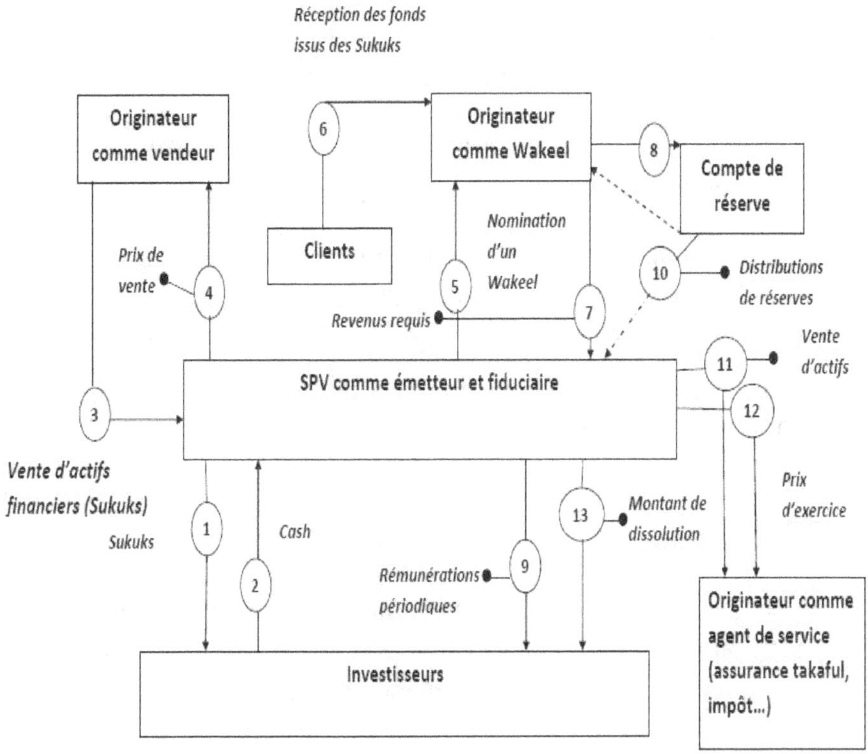

Source : *Sukuk Guidebook*, DIFC et Auteur.

➢ Structure générale du *sukuk* Istithmar :

1. Le SPV, comme émetteur, émet les *sukuks* qui représentent des titres de propriété indivisibles dans un actif sous-jacent ou une transaction. Ils représentent également un droit vis-à-vis du SPV qui doit effectuer le paiement de distributions périodiques et du montant final de dissolution.

2. Les investisseurs souscrivent les *sukuks* et versent le capital au SPV (le montant principal). Ce dernier en tant qu'émetteur déclare une fiducie (*trust*) sur le capital levé et agit ainsi comme fiduciaire (*trustee*) au nom des investisseurs.

3. L'originateur entre dans un contrat de vente et d'achat avec le *trustee*. Conformément à cette promesse, l'originateur est d'accord pour vendre et le *trustee* est d'accord pour acheter un portefeuille d'actifs financiers à l'originateur.

4. Le *trustee* paye le prix d'achat des actifs à l'originateur d'un montant égal au montant du principal.

5. Le *trustee* nomme l'originateur comme *wakeel* (agent) pour une durée égale à la maturité des *sukuks*. L'originateur est responsable pour servir les actifs des *sukuks* et, en particulier, pour s'occuper de la collecte des revenus (comprenant le principal et les profits).

6. L'originateur collecte les revenus des clients et dépose ces montants dans un compte de collecte.

7. À intervalles réguliers, correspondant aux dates de distributions périodiques, l'originateur est appelé à effectuer des versements de revenus au *trustee* conformément aux actifs des *sukuks*. Ceci est accompli par le biais d'un montant « objectif » (le revenu requis) qui est prédéterminé pour chaque période de collecte. Le montant du revenu requis sera égal au montant de la distribution payable sous le *sukuk* à cette période précise. Ce montant peut être calculé par référence à un taux fixe ou à un taux variable (par exemple le LIBOR) selon la dénomination du *sukuk* et avec l'accord préalable des deux parties.

8. Durant une période de collecte donnée, si le montant du revenu collecté (tel que reflété dans le compte de collecte) est supérieur au revenu requis, cet excès peut être soit :

a. Crédité dans un compte de réserve.

b. Ou dans le cas où un actif financier arrive à maturité (et où le principal a été repayé par les clients) et pour éviter un excès de cash dans la structure, il peut être utilisé pour acheter des actifs financiers supplémentaires sous le contrat d'achat du point 3 ci-dessus (et qui deviennent alors des actifs *sukuks*).

9. Le SPV en tant qu'émetteur paye chaque distribution périodique aux investisseurs en utilisant les revenus reçus de l'originateur.

10. À la revente du *sukuk*, le solde du compte de réserve sera versé (en tant que compte de réserve distribuable) au *trustee* pour lui permettre d'effectuer les versements périodiques aux investisseurs. L'excès (s'il existe) sera retenu par l'originateur comme frais d'intéressement (*incentive fee*).

11. À la suite :

a. D'un évènement de défaut ou à la maturité (à l'initiative du *trustee* sous l'accord de rachat).

b. De l'exercice de l'option d'achat (*call*)/promesse de rachat (si applicable au *sukuk*) ou à la suite d'un évènement fiscal (les deux à l'initiative de l'originateur, sous la promesse de vente), le *trustee* va vendre et l'originateur va acheter les actifs au prix d'exercice applicable, qui sera égal au montant principal plus les distributions périodiques non réglées et dues aux investisseurs et moins le montant de réserves distribuées (si elles existent).

12. Paiement du prix d'exercice par l'originateur (comme débiteur).

13. Le SPV en tant qu'émetteur paye le montant de dissolution aux investisseurs en utilisant le prix d'exercice et le montant de réserves distribuées (si elles existent) reçus de l'originateur.

➢ Caractéristiques clés de la structuration d'un *sukuk* Istithmar :

- Le montant principal issu des actifs financiers sous-jacents ne devrait jamais être utilisé pour servir les paiements des coupons du *sukuk*.

- Les clients auxquels les actifs financiers sont associés devraient être informés de la vente de ces actifs aux investisseurs. L'originateur est seulement un *wakeel* et il agit au nom du *trustee*/investisseurs.

- Parfois il est nécessaire d'avoir recours à un dépositaire pour s'assurer que les actifs sont proprement séparés des autres actifs financiers de l'originateur.

➢ Documents requis pour la structuration d'un *sukuk* Istithmar :

1. Contrat de vente et d'achat

Les parties:

- Originateur (vendeur)

- *Trustee*/SPV (acheteur)

Objectifs :

- Originateur : c'est le document qui lui permet de recevoir les fonds

- *Trustee* : c'est le document qui donne la propriété d'actifs générant des revenus à l'avenir

2. Contrat Wakala

Les parties:

- Originateur (Agent : *wakeel*)

- *Trustee*/SPV (Principal)

Objectifs :

- Originateur : c'est le document qui lui permet de contrôler les actifs du *sukuk* et de continuer son activité sans interruption.
- *Trustee* : c'est le document qui lui permet de recevoir un rendement généré par le business.

3. Contrats de vente et de promesse d'achat (*waad'*)

Les parties:

- Originateur (débiteur)
- *Trustee*/SPV (au nom des investisseurs)

Objectifs :

- Originateur : Cela lui permet de racheter les actifs à la maturité.
- *Trustee* : cela permet aux investisseurs de revendre les actifs à l'originateur en cas d'évènement de défaut ou à la maturité. Dans ce cas, l'originateur est obligé de payer tous les montants qui restent à régler (à travers un prix d'exercice) permettant ainsi au *trustee* de payer les investisseurs.

4.8- Les *sukuks* Wakala

Le terme Wakala signifie délégation ou mandat. Il s'agit de déléguer la gestion d'un projet par exemple ou la gestion d'actifs à une tierce partie, le *wakeel*. La Wakala repose ainsi sur une relation d'agence dans laquelle, le « Principal » ou mandataire délègue à l'« Agent » ou mandaté (*wakeel*) le droit de le remplacer et de le représenter légalement dans la gestion d'affaires (investissements, gestion d'actifs, gestion de portefeuilles) conformes à la *charia*.

➢ Caractéristiques clés de la structuration d'un *sukuk* Wakala :

- Le montant principal issu des actifs financiers sous-jacents ne devrait pas être utilisé pour servir les paiements des coupons du *sukuk*.

- Les clients auxquels les actifs financiers sont associés devraient être informés de la vente de ces actifs aux investisseurs. L'originateur est seulement un *wakeel* et agit au nom du *trustee*/investisseurs.

- Parfois il est nécessaire d'avoir recours à un dépositaire pour s'assurer que les actifs sont proprement séparés des autres actifs financiers de l'originateur.

➢ Structuration d'un *sukuk* Wakala :

Le graphique ci-dessous montre la structuration d'un *sukuk* Wakala avec l'ensemble des acteurs impliqués dans l'opération :

Graphique 26 : *Sukuk* Wakala (equity-based)

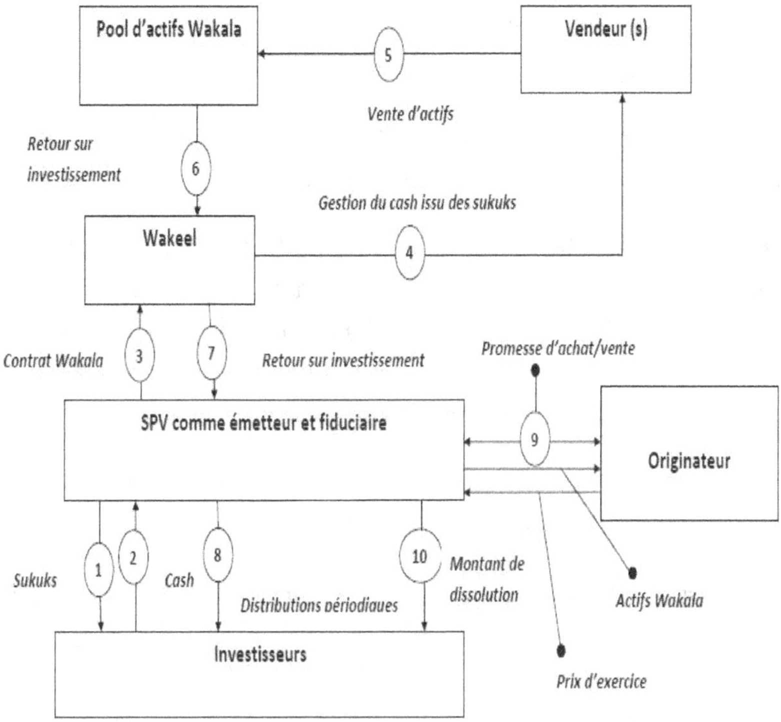

Source : *Sukuks Guidebook*, DIFC et Auteur

➢Structure générale du *sukuk* Wakala :

1. Le SPV, comme émetteur, émet les *sukuks* qui représentent des titres de propriété indivisibles dans des actifs Wakala. Ils représentent également un droit vis-à-vis du SPV qui doit effectuer le paiement des distributions périodiques et du montant final de dissolution.

2. Les investisseurs souscrivent les *sukuks* et versent le capital au SPV (le montant principal).

3. L'émetteur SPV dans sa qualité de Principal entre dans un contrat Wakala avec le *wakeel* (agent). Conformément à ce contrat, le *wakeel* donne son accord pour investir les capitaux levés grâce aux *sukuks*, au nom de l'émetteur (le SPV), dans un *pool* d'investissements (les actifs Wakala) qu'il a sélectionnés.

4. Les fonds levés seront utilisés par le *wakeel* pour acquérir des actifs Wakala à un ou plusieurs vendeurs.

5. Les actifs Wakala seront détenus par le *wakeel* au nom du SPV, pour la durée du *sukuk* afin de générer un profit attendu avec l'accord du « Principal » (ou *mouakeel*). Les actifs Wakala constituent une part des actifs en fiducie (*trust*) détenus par le SPV (en sa qualité de *trustee*) au nom des investisseurs.

6. Les *sukuks* Wakala vont générer des rendements qui seront détenus par le *wakeel* au nom du SPV.

7. Les profits générés seront utilisés pour financer les montants des distributions périodiques payables par le SPV aux investisseurs. N'importe quel profit en excès du montant de la distribution périodique sera payé au *wakeel* comme prime d'intéressement (*incentive fee*). Il est possible que le rendement payé soit inférieur au montant attendu. Un des mécanismes utilisés pour prévenir ce genre de situation consiste à ce que l'originateur donne son accord (via une promesse de rachat) de racheter une certaine quantité des actifs Wakala à des intervalles réguliers à un prix d'exercice égal au montant des distributions périodiques. Cependant, selon les normes de l'AAOIFI, les *scholars* interdisent ce genre de rachat pour des montants fixes ou variables (calculés par référence à une formule), car cela correspond à une sorte de garantie de rendement, ce qui est interdit par la *charia*. Ce mécanisme sera uniquement accepté, selon les standards de l'AAOIFI, si le vendeur et l'originateur sont des entités différentes.

8. Les montants des distributions périodiques seront payés aux investisseurs aux dates de distribution indiquées. Ces montants

seront soit fixes soit variables et calculés en référence à une formule fixe (*i.e.* basée sur le LIBOR).

9. À la suite :

   a. D'un évènement de défaut ou à la maturité, l'émetteur (le SPV) en sa qualité de *trustee* va exercer son option de rachat pour demander à l'originateur de racheter les actifs Wakala à un prix d'exercice égal au montant de dissolution payable aux investisseurs, auquel on ajoute les montants dus et non versés.

   b. De l'exercice de l'option d'achat (*call*) / promesse de rachat (si applicable au *sukuk*) ou à la suite d'un évènement fiscal, l'originateur va exercer son option sous la promesse de vente et acheter les actifs Wakala au SPV en sa qualité de *trustee*, à un prix d'exercice égal au montant des distributions périodiques payables aux investisseurs, auquel on ajoute les montants dus et non versés.

10. À la suite de l'occurrence d'un des évènements décrits au point 9, l'émetteur, en sa qualité de *trustee*, va payer le montant des distributions périodiques payables aux investisseurs en utilisant pour cela le prix d'exercice reçu et acheter le *sukuk*, à la suite de quoi le *trust* sera dissous.

➢ Documents requis pour la structuration d'un *sukuk* Wakala :

1. Contrat Wakala

Les parties:

- Originateur (Agent : *wakeel*)
- *Trustee*/SPV (Principal)

Objectifs :

- Originateur : c'est le document qui lui précise les conditions que les actifs doivent respecter pour être sélectionnés par le *wakeel.*

- *Trustee* : c'est le document qui précise les termes et conditions de la Wakala incluant les frais (*fees*) du *wakeel.*

2. Contrat d'achat d'actifs (Asset Buying Agreement)

Les parties:

- Originateur (Agent : *wakeel*) et vendeur (fournisseur de marchandises/actifs financiers).

Objectifs : au nom du *trustee*/investisseurs, le *wakeel* achète les actifs qui remplissent les critères d'éligibilité.

3. Contrats de vente et de promesse d'achat (*Waad'*)

Les parties:

- Originateur (débiteur)

- *Trustee*/SPV (au nom des investisseurs)

Objectifs :

- Originateur : cela lui permet de racheter les actifs de la Wakala à la maturité.

- *Trustee* : cela permet aux investisseurs de revendre les actifs à l'originateur en cas d'évènement de défaut ou à la maturité. Dans ce cas, l'originateur est obligé de payer tous les montants qui restent à régler (à travers un prix d'exercice) permettant ainsi au *trustee* de payer les investisseurs.

4.9-Les *Sukuk* hybrides

La négociabilité des *sukuks* est un point important pour les investisseurs. Pour cette raison, des *sukuks* « hybrides » ont émergé sur les marchés. Dans un *sukuk* hybride, le *pool* d'actifs sous-jacents peut comprendre des créances Istisna', des créances Mourabaha ou encore des actifs sous contrats d'Ijara. Un portefeuille composé de différentes classes permet une plus grande mobilisation de fonds. Cependant, comme les contrats Mourabaha et Istisna' ne peuvent pas être négociés sur les seconds marchés comme des instruments titrisés, au moins 51 % des *sukuks* hybrides doivent comprendre des *sukuks* négociables sur les marchés secondaires tels que les *sukuks* Ijara. Par ailleurs, du fait que les créances Istisna' et Mourabaha font partie du *pool* d'actifs, le rendement de ces certificats ne peut être qu'un taux de rendement fixe et prédéterminé.

Un exemple de *sukuk* hybride

La BID a émis en 2003 le premier *sukuk* hybride avec un *pool* d'actifs comprenant 65,8 % de *sukuks* Ijara, 30,80 % de créances Mourabaha et 3,4 % de *sukuks* Istisna'. Cette émission exigeait la garantie de la BID dans le but d'assurer un bon *rating* et une commercialisation internationale. Le *sukuk* d'un montant de 400 millions de dollars a été émis par la STSL (Solidarity *Trust* Services Limited), un SPV basé dans l'île de Jersey. L'Islamic Corporation for the Development of the Private Sector (ICD) a joué le rôle d'intermédiaire en achetant les actifs à la BID et en les vendant à la STSL à la NAV consolidée.

Chapitre 3 : Les Fonds d'investissement islamiques

Le financement bancaire est un financement indirect. Les banques commerciales se financent entre elles sur le marché du crédit interbancaire ou auprès des Banques Centrales à travers les facilités permanentes et les opérations de refinancement. Le financement par les marchés des capitaux est au contraire un financement direct et désintermédié. Sur les marchés financiers, les investisseurs peuvent soit sélectionner directement des actions et des titres financiers qui répondent à leurs objectifs en termes de rendement / risque et à leurs contraintes, soit investir via des fonds communs de placement (FCP) ou des Organismes Collectifs de Placement en Valeurs Mobilières. Ce chapitre a pour but de présenter les points communs et les différences clés entre les fonds d'investissement conventionnels et leurs homologues islamiques qui respectent les principes de la *charia*. Nous présenterons dans une perspective comparative les FCP actions et obligations, les fonds immobiliers (Real Estate Investment *Trust* : REIT), les fonds indiciels (ETF : Exchange Trade Funds) et les fonds de *private equity* (capital-investissement).

Basé sur la *charia*, le financement en fonds propres est le mode préféré. Son rendement n'est pas fixe mais lié aux bénéfices du business sous-jacent. À plusieurs égards, investir dans des actions ressemble à un financement Moudaraba. Étant donné cette proximité, les *fuqaha* (jurisconsultes) ont peu d'objection avec la philosophie de l'investissement sur les marchés actions. Cependant, tous les titres côtés ne sont pas acceptables du point de vue de la *charia*. Le besoin d'une évaluation *charia*tique des actions et l'identification des titres conformes a permis le développement de filtres *charia*, d'indices *charia*, et d'une panoplie de FCP islamiques (Islamic Mutual Funds). Ceci signifie qu'il existe désormais un marché actions parallèle au marché conventionnel. La plupart des produits, services et institutions qui font le marché conventionnel ont été répliqués de manière conforme à la *charia* pour faire partie du marché islamique. Un investisseur peut participer au marché actions islamique soit par l'achat direct d'actions côtées et conformes à la *charia*, soit indirectement à travers les véhicules d'investissement comme les ETF. L'alternative la plus appropriée dépendra du profil risque/rendement de l'investisseur, de ses objectifs, de son horizon d'investissement et de ses contraintes. Les fonds islamiques sont basés sur le contrat Moudaraba et structurés comme les FCP dans le système conventionnel.

1-Les indices boursiers conventionnels et islamiques

Un indice actions (tel que le Dow Jones ou le CAC 40) est essentiellement un outil de mesure statistique. Comme l'indice des prix à la consommation mesure l'inflation, un indice actions mesure la performance du marché. Il agit ainsi comme un baromètre. Il est composé d'un panier d'actions soigneusement choisies pour représenter le marché. Il y a trois types d'indices :

- Les indices pondérés par les prix.
- Les indices pondérés par la capitalisation boursière.
- Les indices pondérés géométriquement.

Un marché financier a plusieurs indices dont certains représentent les mouvements au sens large, comme par exemple le Dow Jones qui est l'indice de 30 actions échangées sur le New York Stock Exchange et qui en mesure tous les mouvements. Les indices actions jouent trois rôles clés :

- Mesure de la performance du marché / secteur.
- *Benchmark* pour l'évaluation des performances des fonds et des gérants.

- Actifs sous-jacents pour les produits dérivés (*futures*, options par exemple) et les produits structurés (produits de taux plus produits optionnels).

Avec l'avènement des FCP islamiques, le besoin d'indices propres aux marchés islamiques est devenu indéniable. La demande pour les fonds islamiques a été renforcée par l'introduction de plusieurs indices actions tels que le DJIMI (Dow Jones Islamic Market Index) créé par Dow Jones en février 1999, suivi par le KLSI (Kuala Lumpur Shariah Index) lancé par la Bourse de Malaisie en avril 1999 et le FTSE-GII (FTSE Global Islamic Index) lancé par le Financial Time Stock Exchange en mars 2005.

2- La sélection et la purification des titres des fonds actions islamiques

Les gestionnaires des fonds mettent en place des critères de sélection (négatifs et positifs) et écartent les entreprises dont les activités sont jugées illicites (alcool, tabac, jeux, etc.). Ces critères peuvent être qualitatifs ou quantitatifs. Les fonds actions islamiques sont similaires aux fonds ISR (Investissement Socialement Responsable) conventionnels qui investissent dans des actions qui remplissent certains critères. La construction de fonds actions est un processus en deux étapes : sélection (*screening*) et filtrage. La sélection nécessite l'examen des entreprises afin d'éliminer celles qui sont impliquées dans des activités considérées comme illicites par la *charia*. Après cette sélection, un processus de filtrage est appliqué par chaque gestionnaire de fonds selon son propre jugement concernant certains ratios financiers comme l'existence de la dette ou de revenus issus de titres de dette. La méthode de sélection est contrôlée par un comité *charia* indépendant (Sharia Supervisory Board).

L'élimination de titres de sociétés opérant dans un secteur non conforme à la *charia* est facile, mais il existe certaines différences en pratique à propos d'autres critères de filtrage, du fait des divergences dans les juridictions et les jugements des gestionnaires de fonds. Ce qui suit est un *guideline* général utilisé pour la sélection et le filtrage des actions avant leur incorporation dans un fonds actions (*equity fund*) :

- La conformité de l'activité à la *charia* :

L'activité principale de la société doit être conforme aux principes de la *charia*. Cette contrainte élimine toutes les entreprises impliquées dans l'industrie des services financiers utilisant l'intérêt, comme les banques conventionnelles, les sociétés d'assurance ainsi que les entreprises fabriquant ou vendant des produits tels que le porc, l'alcool ou opérant dans les activités de services comme les jeux, les *night clubs*, les hôtels, le cinéma, les casinos ou encore l'industrie pornographique.

- La structure financière et le poids de l'endettement (ratio dette / fonds propres) :

Les titres des sociétés dont le financement dépend fortement de la dette sont éliminés. Les fonds utilisent différents niveaux de tolérance en fonction de la plus ou moins stricte adhésion à la *charia*. Concernant le ratio dette sur fonds propres (*debt-to-equity ratio*), le niveau de tolérance type est établi à un maximum de 33 %. Cette contrainte est appliquée pour s'assurer que la société se finance de façon acceptable par la *charia*, avec préférence pour une tendance à l'élimination totale de la dette.

- Les revenus financiers (intérêts reçus) :

Les gérants de fonds évitent les titres de sociétés qui ont des revenus financiers importants. C'est le cas des entreprises qui investissent leurs excès de liquidité dans des titres de dette et perçoivent ainsi des intérêts qui forment une partie de leurs bénéfices. Cependant, si une proportion négligeable des revenus est tirée par les intérêts reçus, les jurisconsultes permettent généralement l'acquisition du titre mais sous deux conditions. D'abord, l'actionnaire doit exprimer son désaccord contre pareille situation, de préférence lors du Conseil d'Administration de la société. Ensuite, un nettoyage des intérêts reçus doit être effectué via une contribution de charité (*sadaka*). On suggère que la proportion d'intérêts perçus incluse dans le dividende payé aux actionnaires doit être offerte à la charité et ne doit pas être retenue par l'actionnaire. Par exemple, si 5 % du revenu total d'une société proviennent des dépôts dans des titres payant des intérêts, alors 5 % des dividendes doivent faire l'objet d'un don à la charité pour purifier le revenu. Ainsi la purification des dividendes s'effectue par le biais du ratio suivant :

(Revenu *Haram* / Revenu Total) x Dividendes Reçus ≤ 5 %

✓ **La négociation des actions (test de liquidité)**

Selon les jurisconsultes, les actions d'une société sont négociables sur les marchés financiers seulement si elle possède des actifs illiquides ou tangibles. Même s'il n'existe pas de seuil de tolérance fixe du niveau des actifs illiquides, un ratio de 33 % est typiquement utilisé. Le raisonnement sous-jacent cette contrainte est que si tous les actifs de la société étaient sous forme liquide, *i.e.* sous forme de monnaie, ils ne pourraient pas être achetés ou vendus excepté à la valeur nominale, car dans ce cas l'action représente uniquement de la monnaie, et la monnaie ne peut être échangée qu'à la valeur nominale.

✓ Actions ordinaires *versus* actions préférentielles :

Même s'il existe un consensus général parmi les jurisconsultes sur l'acceptation des actions ordinaires puisqu'elles représentent une propriété entière et indivisible des actionnaires dans l'activité de la société, d'autres formes d'actions comme les actions préférentielles ou les *warrants* n'ont pas la même acceptation. Ceci est dû au fait que les actions préférentielles et les *warrants* promettent un rendement défini à leurs propriétaires, comparés à des propriétaires d'autres types d'actions qui supportent la même responsabilité mais n'ont droit à aucun rendement défini.

✓ **Le processus de sélection et de purification des titres**

Le processus de sélection peut différer d'un indice à l'autre. Ainsi par exemple, alors que le DJIMI utilise des critères de sélection en appliquant des ratios issus à la fois du Bilan et du Compte de Résultat, l'indice malaisien n'utilise que des ratios issus du Compte de Résultat pour déterminer le niveau de la dette ou de la liquidité.

➢La sélection des titres en Malaisie :

La Malaisie a été le premier pays musulman ayant un marché actions conventionnel à mettre en place une évaluation formelle de la conformité des titres et à développer un indice actions *charia*. Le Sharia Advisory Council (SAC lancée en 1996) de la Commission des Opérations de Bourse de Malaisie a établi un certain nombre de *benchmarks* quantitatifs (pour l'*Islamic 500 Index* de Standard & Poor's). Ainsi, le chiffre d'affaires ne doit pas dépasser 5 % d'activités illicites, le *benchmark* de 10 % s'appliquant à des activités tolérées (tabac par exemple) ou difficiles à éviter (rémunération des dépôts). Enfin, le *benchmark* de 25 % s'applique quant à lui à des activités ayant un intérêt général (*maslaha amma'*) mais dont certaines caractéristiques peuvent entacher la conformité (hôtellerie, *brokerage*, etc.). Les bénéfices générés par des activités jugées illicites doivent être « purifiés » et versés à des œuvres charitables. Ces questions sont souvent débattues et jamais entièrement tranchées. La Malaisie est le seul pays où la sélection des titres est effectuée par une entité centralisée qui travaille étroitement avec les régulateurs. Deux fois par an, le SAC fait des recommandations relatives aux actions conformes à la *charia*, et elles sont officiellement publiées par la Commission des titres. Le processus de sélection porte sur deux points : le cœur de métier de la société et ses finances, *i.e.* sa structure financière, et en particulier ses emprunts bancaires (les intérêts payés) et ses produits financiers (les intérêts reçus). En examinant la ligne métiers, une action sera inéligible pour davantage de filtrage si le cœur de métier est prohibé. Quatre points sont analysés :

1. Les activités basées sur le *riba* comme celles des banques conventionnelles.

2. Les activités dans le secteur des jeux et du hasard.

3. Les activités de production/vente de produits *haram* comme l'alcool ou encore le porc.

4. Les activités qui contiennent un élément de *gharar* (incertitude) comme l'assurance conventionnelle.

S'il est facile d'identifier et d'éliminer les entreprises impliquées dans des activités *haram*, la difficulté consiste à évaluer elles qui ont des activités mixtes, c'est-à-dire avec des proportions d'activités interdites par la *charia*. Généralement, les *fuqaha* désapprouvent l'investissement dans de tels titres, mais devant la réalité contemporaine, ils sont d'accord pour que ces entreprises soient prises en compte. Le SAC applique dans ce cas des critères supplémentaires :

- Le *core business* ne doit pas être illicite (les 4 critères ci-dessus). De plus, l'élément doit être très faible relativement à la ligne de métier.

- L'image de la société aux yeux du public (sa réputation).

- Le cœur de métier de l'entreprise présente un intérêt pour la société en général (*maslaha*). La partie *haram*, faible en elle-même, implique des éléments tels que les *umum balwa* (situation qui affecte une grande majorité des gens et difficile à éviter) et le *urf* (ensemble de normes collectives et de coutumes ainsi que les droits des non-musulmans, ce qui est accepté par l'islam).

Bien que ces critères restent subjectifs, le SAC, dans un souci de les traduire en filtres pratiques, utilise une analyse en deux étapes : une quantitative et l'autre qualitative.

➢ Phase 1 : Méthode quantitative

Dans cette phase, l'objectif est de calculer la contribution en pourcentage de l'activité non permise dans le chiffre d'affaire et le bénéfice avant impôt de la société de la dernière année comme indiqué dans son Compte de Résultat. Le pourcentage est calculé comme suit :

- Étape 1 : déterminer le chiffre d'affaires (CA) et le bénéfice avant impôt.

- Étape 2 : identifier et mesurer le CA ou bénéfice avant impôt issu des activités illicites.

- Étape 3 : déterminer les pourcentages comme suit :

    1. (Revenus des activités illicites / Total des revenus) x 100

    2. (Bénéfice avant impôt des activités illicites / Bénéfice total) x 100

- Étape 4 : comparer les pourcentages ainsi calculés avec les seuils respectifs déterminés par le SAC et qui sont les suivants :

✓ Seuil de 5 % relatifs aux bénéfices : les sociétés dont les bénéfices avant impôts issus d'activités non permises sont supérieurs à 5 % verront leurs actions exclues de la liste des titres conformes à la *charia*. Ce seuil de 5 % est uniquement valide lorsque les bénéfices *haram* sont clairement identifiables et mesurables. Par exemple, si un fabricant de bijoux tire plus de 5 % de ses revenus financiers de ses dépôts, il sera exclu. De même, si une compagnie aérienne tire plus de 5 % de ses bénéfices de la vente d'alcool, ses actions seront exclues.

Les difficultés surviennent lorsque les activités non permises ne sont pas facilement identifiables et leur contribution au CA et aux bénéfices difficilement mesurable. L'exemple typique est constitué par les chaînes internationales d'hôtels et de stations de vacances qui opèrent dans différents pays. Pour cela, un deuxième seuil a été introduit :

✓ Seuil de 25 % de l'image auprès du public :

Supposons, à titre d'illustration, qu'un conglomérat impliqué dans des activités *halal* possède un hôtel. L'industrie hôtelière pose un problème de perception. Si les revenus et le bénéfice avant impôt de l'hôtel sont en dessous de 25 % des revenus ou bénéfices du conglomérat, alors son action sera considérée comme conforme aux principes de la *charia*. Si la part dépasse 25 %, alors l'action sera exclue.

➢ Phase 2 : Méthode qualitative

La méthode qualitative est utilisée au cas par cas. Elle est applicable là où le cœur de métier de l'entreprise présente un intérêt général (*maslaha*) pour la société (*umma*) mais inclut une faible part considérée comme *haram*. L'activité non permise peut être due aux coutumes ou concerner les droits de non-musulmans. Selon les cas, la SAC permet des seuils allant de 10 % à 25 %. Cependant, l'économie est dynamique et les conditions changent rapidement. Ainsi, une entreprise qui satisfait le seuil à une période donnée peut le dépasser à une date ultérieure. Par exemple, un industriel d'électroménagers peut avoir des revenus issus d'intérêts inférieurs à 5 % actuellement, mais dépasser ce seuil plus tard. La situation opposée peut être rencontrée également. En conséquence, le SAC revoit la liste périodiquement tous les six mois.

➢ La sélection des actions selon le Dow Jones Islamic Index :

La méthode de *screening* utilisée par le Dow Jones est plus élaborée que celle du SAC malaisienne. Comme pour ce dernier, il y a deux catégories : la nature de l'activité et les aspects financiers. Les critères du Dow Jones sont plus stricts quand il s'agit des critères financiers de la société. En effet, alors que l'évaluation malaisienne n'analyse que le Compte de Résultat, les critères Dow Jones analysent le Bilan et le Compte de Résultat.

Le Dow Jones commence par une première étape qualitative qui consiste à éliminer toutes les sociétés impliquées dans les activités considérées comme illicites (banque, assurance, porc, jeux, cinéma, musique, Défense, tabac, etc.). La seconde étape du processus de sélection est quantitative et concerne les ratios financiers de la société. L'objectif est double : (1) identifier les entreprises ayant un endettement excessif dans la structure du capital et (2) identifier les entreprises ayant un niveau de revenus financiers (intérêts reçus) inacceptable. Ceci est réalisé grâce à trois ratios qui doivent tous être inférieurs à 33 % :

1. (Dette / Capitalisation boursière moyenne sur les 12 derniers mois) x 100

2. (Actifs liquides / Capitalisation boursière moyenne sur les 12 derniers mois) x 100

Avec : actifs liquides : dépôts en *cash* + titres de placement + comptes rémunérés

3. (Créances / Capitalisation boursière moyenne sur les 12 derniers mois) x 100

Ainsi, quelques différences apparaissent entre les deux méthodes de sélection en Malaisie et pour le Dow Jones, et notamment le fait que :

- ✓ Le SAC tolère les activités mixtes.
- ✓ Le Dow Jones est plus strict dans l'analyse des ratios financiers du Bilan.

Il est à noter tout de même que le SAC a mis en place ses critères pour la place malaisienne et si elle est plus libérale c'est pour permettre le développement d'un marché financier local. Pour le Dow Jones, l'univers des titres est plus global et une sélection plus rigoureuse est possible.

3-Les Fonds Communs de Placement (FCP)

3.1-Les FCP conventionnels

Un FCP ou Unit *Trust* est un véhicule d'investissement qui collecte des fonds provenant d'individus et d'investisseurs institutionnels. Les fonds collectés sont gérés par des managers professionnels. Ils sont investis dans des actions, des obligations, des titres monétaires, etc. Un investisseur qui souhaite participer à un fonds peut le faire en achetant des parts offertes par le FCP. Le prix de ces parts change tous les jours selon la valeur des actifs détenus par le fonds. Ainsi, le prix d'une part va dépendre de la Valeur Liquidative (NAV : Net Asset Value) du fonds. La NAV est égale au rapport de la valeur actuelle des actifs du fonds moins ses dettes et le nombre de parts.

Il existe plusieurs raisons pour lesquelles investir dans un FCP est plus avantageux qu'investir en direct pour les investisseurs. Parmi ces avantages, on peut citer :

- La diversification.
- Une gestion professionnelle du fonds.
- Un faible risque de liquidité.
- La transparence dans la valorisation.
- La variété de produits pour satisfaire les besoins des investisseurs.

Il existe différents types de FCP en fonction des objectifs et du profil risque/rendement du fonds. Les types génériques de fonds classés par ordre décroissant de risque sont :

- Les fonds « Growth » : ce type de fonds investit dans des actions à fort potentiel de croissance. Ces titres ont des coefficients Beta élevés et par conséquent présentent un risque élevé pour l'investisseur.
- Les fonds « Value » : ce type de fonds essaye d'identifier et d'investir dans des actions sous-évaluées.
- Les fonds « Balanced » : ce type fonds investit les capitaux collectés de manière équilibrée entre les actions, les obligations et les titres monétaires. Le risque est relativement faible et le rendement l'est également.
- Les fonds « Income » (ou Yield) : ce type de fonds investit dans des obligations à faible risque, sécurisées, et dans des actions à dividendes élevés et des actifs du marché monétaire. Un fonds Income présente de ce fait le risque le moins élevé.

En plus du classement des fonds en catégories selon la philosophie d'investissement suivie, les FCP sont classés par type de format de souscription. On distingue deux types de format : les fonds dits *open end* (ouverts) et les fonds *closed end* (fermés) :

- Un fonds ouvert a une taille qui peut varier en fonction de l'activité de l'investisseur. Par exemple, si plusieurs investisseurs achètent des parts du fonds, l'afflux de capitaux sera utilisé par les managers du fonds pour acheter plus d'actions. La NAV augmente du fait de l'augmentation de la valeur du portefeuille. Alternativement, si les investisseurs retirent leurs capitaux, les managers vendent simplement une partie des actions détenues dans le portefeuille du fonds et utilisent les produits de la vente pour satisfaire la demande de rachat des investisseurs. Ainsi, la NAV du fonds ouvert et le prix côté ne diffèrent pas. Un changement dans la demande des investisseurs pour les parts change simplement le total des actions détenues par le fonds.

- Un fonds fermé est différent. Il a une taille fixe et prédéterminée d'investissement et de parts, et un changement de la demande des investisseurs change le prix du fonds et pas sa NAV. Par exemple, si la demande augmente, les actifs du portefeuille du fonds restent inchangés mais le prix négocié augmente pour refléter l'accroissement de la demande. Ainsi, le prix négocié du fonds sera supérieur à sa NAV (*at premium*). Et inversement si la demande baisse, le prix sera inférieur à la NAV du fonds (*at discount*).

Il existe une autre catégorie de FCP : le fonds de fonds. Il s'agit simplement d'un FCP qui investit dans d'autres FCP. L'avantage est essentiellement la diversification. Investir dans un fonds de fonds permet à l'investisseur d'avoir accès à une majorité de fonds (et de styles de gestion). Si le fonds de fonds permet une meilleure diversification qu'un FCP typique, les frais de gestion payés par l'investisseur sont plus élevés. Le niveau de ces frais reflète aussi les frais dus aux managers des FCP sous-jacents.

3.2-Les FCP islamiques

Un FCP islamique ou Islamic Unit *Trust* est construit selon le même modèle qu'un fonds conventionnel. Les processus opérationnels sont identiques mais la philosophie de l'investissement diffère. Alors qu'un fonds place ses capitaux dans des actions, des obligations et d'autres instruments du marché monétaire (les deux derniers étant basés sur l'intérêt), un fonds islamique investit uniquement dans des titres conformes à la *charia*. Un fonds de fonds islamique investira, quant à lui, uniquement dans des fonds qui fonctionnement conformément à la *charia*.

De manière opérationnelle, alors qu'un fonds traditionnel investit ses capitaux dans des titres selon la physionomie du marché, un manager d'un fonds islamique fera de même mais ses choix porteront sur les actifs considérés comme *halal* uniquement. Pour s'assurer que seulement des investissements dans des titres conformes ont été effectués, chaque fonds islamique doit avoir un Comité *charia* qui supervise et conduit des audits périodiques (graphique ci-dessous).

Graphique 27 : Caractéristiques d'un fonds islamique

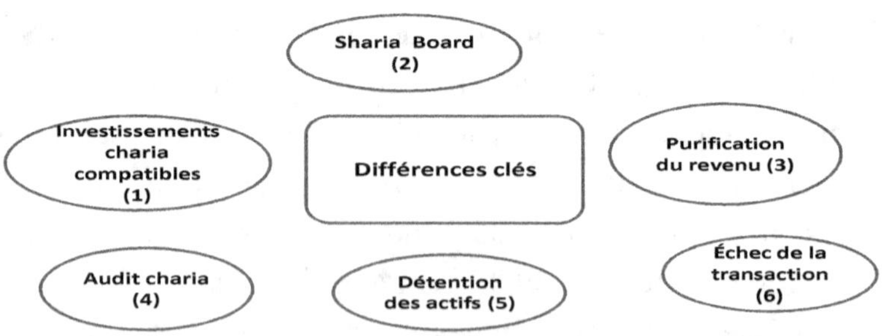

Avec :

(1) : La sélection des titres se fait à deux niveaux :
- Niveau 1 : Industrie/business
- Niveau 2 : Endettement et ratios financiers.

(2) : Selon l'AAOIFI, il faut au minimum trois *scholars* dans le Sharia Board. Les *scholars* se prononcent sur la structure et les investissements réalisés par le fonds.
(3) : Le Sharia Board détermine les revenus à purifier et les donations aux œuvres charitables.
(4) : Un audit régulier du fonds est mené par le Sharia Board ou par une tierce partie.
(5) : La comptabilité du fonds doit être tenue selon les standards de l'AAOIFI.
(6) : Il n'y a pas d'intérêts mais des frais sont tolérés.

Les fonds islamiques sont une forme d'investissement alternative. Mais, contrairement aux fonds conventionnels, ils sont assis sur des règles *charia*tiques et des *guidelines* (sélection et taux de purification). Le strict respect des principes de la *charia* a un impact sur l'allocation d'actifs. Comme pour les fonds conventionnels, il existe plusieurs types de fonds islamiques :

- Fonds Monétaire : il investit dans des instruments de marché monétaire à revenu fixe, à maturité courte et à qualité de crédit très élevée.

- Fonds *Sukuks* : selon la nature de l'émetteur (souverain, *corporate*) et selon la maturité. Émission domestique ou internationale.

- Fonds Actions : il investit dans des actions nationales ou internationales conformes à la *charia*. On distingue les fonds « Growth » et les fonds « Value ».

- Fonds Hybride : il investit dans des *sukuks*, des actions conformes et dans les instruments du marché monétaire, avec l'objectif de procurer des revenus et une appréciation du capital avec le moins de risques possible.

➢Les contrats sous-jacents aux fonds islamiques :

Chaque transaction financière islamique doit être guidée par un contrat basé sur la *charia*. Ainsi, les fonds islamiques utilisent une des trois dispositions contractuelles suivantes :

- Moudaraba : l'investisseur est le *rab al-mal* alors que le manager du fonds est le Moudarib. ce dernier utilise les fonds levés pour investir selon un mandat bien défini et au mieux de ses efforts. Il a droit à une partie des bénéfices selon un ratio prédéfini, mais c'est le *rab al-mal* qui supporte les pertes éventuelles.

- Mousharaka : tous les investisseurs sont des partenaires. Cependant, seuls certains d'entre eux (la société de gestion du fonds) ont le droit de gérer les investissements. Les managers, en plus d'une part prédéterminée des bénéfices, sont également éligibles à une partie variable de la performance en compensation de leurs efforts.

- Wakala (relation Principal-Agent) : dans ce contrat, le gestionnaire du fonds est l'Agent et l'investisseur est le Principal. L'Agent agit au nom du Principal pour investir les fonds de la meilleure façon possible. En échange de ces efforts et de son expertise, le gestionnaire du fonds reçoit des frais de gestion fixes. Afin de minimiser les problèmes d'agence qui peuvent survenir dans cette relation Principal-Agent, une partie additionnelle est versée au manager en fonction de la performance réalisée.

➢Le rôle du Comité *charia* du fonds islamique :

Du fait que les aspects opérationnels du fonds islamique sont les mêmes que ceux d'un fonds conventionnel, la structure administrative et organisationnelle est également la même. La différence clé d'un point de vue structurel est la présence de conseillers *charia*. Ces conseillers peuvent être internes, faire partie du comité d'investissement ou du Conseil d'Administration, ou être externes. Les conseillers externes peuvent appartenir à des firmes spécialisées dans le conseil *charia*. Le rôle du Comité *charia* est :

- De créer des « Investment Guidelines » et des critères de sélection pour les managers.
- De suivre (*monitoring*) et d'évaluer les activités du fonds.
- De sélectionner les charités appropriées.
- D'œuvrer pour le développement de l'islam (*Al-Oumma*).
- De proposer la *zakat* (aide aux plus pauvres).

Le graphique qui suit présente l'organisation type d'un fonds islamique.

Graphique 28 : Structure type d'un fonds islamique

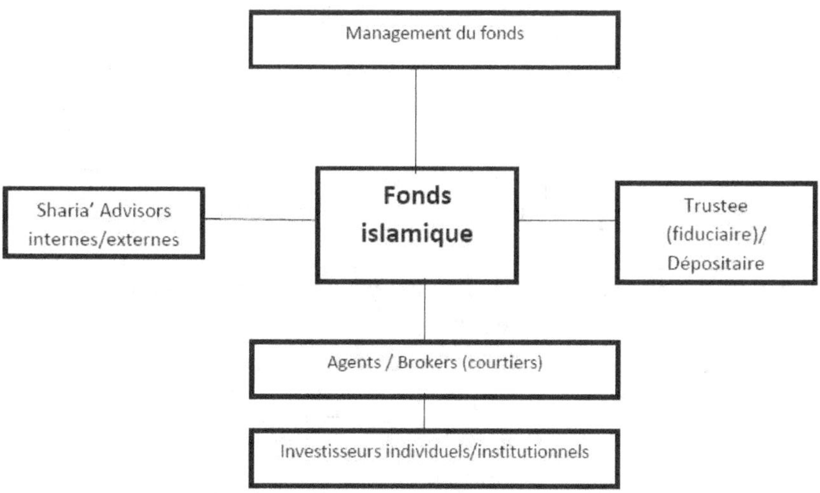

À titre d'illustration, le tableau ci-dessous fournit les principales informations relatives au fonds « Global *Sukuks* » conforme aux principes de la *charia*.

Tableau 10 : Term sheet de Emirates Global *Sukuk* Fund (fonds Growth et Income en US $)

Type	*Open end* enregistré à Jersey, conforme à la *charia*
Risque	Median, Instruments Global *Sukuks*
Manager	Emirates NBD Fund Managers (Jersey) Limited régulé par la Jersey Financial Services Commission
Manager délégué (Investissements)	Emirates NBD Asset Management Limited, régulé par la Dubai Financial Services Authority
Conseil *Charia*	*Fatwa* et supervision *charia* de Emirates NBD Asset Management Limited
Classes de parts	A, B, C et I (Growth et Income) (montant minimum d'investissement : $ 10 000 la part)
Frais d'entrée (*up front fees*)	Parts A : 2 % ; Parts I : 4 % ; Parts B et C : 0 %
Frais de gestion annuels	Parts A : 1,25 % ; Parts B et C : 1,25 % plus 0,5 % de frais de distribution ; Parts I : 1,1 %
Frais de rachat (*redemption fees*)	Parts A et I : 0 % ; Parts B : 1,20 % (12 premiers mois) ; Parts C : 4 % (12 premiers mois) ; 3,20 % (entre 12 et 24), 2,40 % (entre 24 et 36 mois), 1,60 % (entre 36 et 48 mois), 0,80 % (entre 48 et 60 mois) et 0 % jusqu'à 60 mois
Liquidité	Journalière
Politique de distribution	Classe Revenus : semestriels, juin et décembre
Administrateur	State Street Fund Services (Jersey) Limited
Dépositaire	State Street Custodial Services (Jersey) Limited
Auditeurs	Ernst & Young
Conseil Juridique	Voisin & Co, Jersey

Source : Emirates NBD Asset Management, Dubaï.

4-Les Exchange Trade Funds (ETF)

4.1-Les ETF conventionnels

Les ETF sont des fonds indiciels ouverts (*open end*) et côtés sur les marchés financiers comme les actions (Index Tracker). Il s'agit de fonds de placement en valeurs mobilières. Les ETF permettent aux investisseurs d'accéder à une diversité d'actifs et offrent un accès simple et efficient aux marchés émergents, ainsi qu'à des indices larges et sectoriels. Un OPCVM gère passivement un portefeuille et essaye de répliquer les variations de son indice sous-jacent à la hausse comme à la baisse. Les activités des gestionnaires du fonds se limitent souvent à des tâches administratives (encaissement de dividendes, transposition de divisions de titres). De ce fait, les frais de gestion sont faibles pour l'investisseur en comparaison avec les frais payés dans des fonds gérés de manière active. L'indice sous-jacent est répliqué de manière physique (le gérant gère l'ETF comme un fonds indiciel et conserve les titres en portefeuille) ou synthétique (contient en plus des titres un contrat d'échange de performance avec une contrepartie (*swap*)). La méthode physique est très transparente pour l'investisseur qui connaît parfaitement la composition de son portefeuille. Il existe des ETF basés sur des catégories restreintes comme l'or, l'immobilier ou des secteurs particuliers de l'économie. Un ETF « or » est un fonds qui investit uniquement dans des actions de sociétés opérant dans le business de l'or. Un des ETF les plus célèbres est SPDR (connu sous le nom de *spider*) qui « traque » l'indice S & P 500 aux États-Unis.

Ce qui rend un ETF intéressant pour l'investisseur, c'est l'exposition qu'il offre à un indice ou à un panier d'actions sous la forme d'une part de l'ETF. Ainsi, acheter une part est similaire à prendre une petite position dans chacune des actions de l'indice. En effet, un ETF est côté sur un marché financier et ses titres sont négociés comme les actions. Les ETF offrent une diversification rapide, un accès à différents segments du marché, la transparence dans les prix et surtout des coûts de transaction faibles.

4.2-Les ETF islamiques

Les premiers ETF conventionnels ont été lancés il y a près de 20 ans. Du côté ETF islamique, le premier a été créé en 2006. Il s'agit du DJIM Turkey ETF qui a été côté sur la Bourse d'Istanbul. Les ETF islamiques sont conformes à la *charia*. En d'autres termes, ils consistent en un panier de titres qui respectent le filtrage effectué sur les actions pour qu'elles soient conformes à la *charia*. À titre d'exemple d'ETF islamique, on peut citer le cas de iShares MSCI Emerging Markets Islamic qui est un fonds indiciel côté qui vise à répliquer le plus fidèlement possible les performances du MSCI Emerging Markets Islamic Index. L'ETF investit dans des titres physiques de l'indice. Ce dernier offre une exposition à des valeurs qui respectent les principes d'investissement conformes à la *charia*, et inclut des valeurs de marchés émergents du monde entier qui remplissent les critères de flottant, de liquidité et de taille de MSCI. L'indice est pondéré selon la capitalisation boursière sur la base du flottant. Les supports d'investissement sont liquides, économiques et transparents, et se négocient sur des places boursières comme des titres classiques. Les ETF iShares permettent d'accéder facilement et de manière souple à une gamme étendue de marchés et de classes d'actifs. La Bourse de Londres a un marché d'ETF dynamique incluant sept ETF conformes à la *charia*. En Malaisie, on peut citer l'exemple de MyETF-DJIM Titan 25, dont le sous-jacent est un indice de 25 entreprises conformes et côtées sur le Dow Jones Islamic Markets Index. Ce fonds, qui a été créé en 2008, n'est pas seulement le premier ETF islamique en Malaisie mais il est également le premier en Asie.

Un des ETF islamiques les plus célèbres est Falah Capital qui réplique le Russel-Ideal Rating Islamic US Large Cap Index. Il investit dans des entreprises américaines sélectionnées à partir de l'indice Russel 1000, selon le processus de filtrage islamique pour les rendre conformes à la *charia*. Les avantages potentiels pour les investisseurs sont les suivants :

- Des acquisitions transparentes.
- Une diversification du portefeuille.
- Des dividendes trimestriels potentiels.
- Une purification trimestrielle.
- Des sociétés peu endettées.
- Une négociabilité globale.
- Une liquidité journalière.
- Des fonds éthiques.

4.3- Les différences entre un ETF conventionnel et un ETF islamique

Les différences entre les ETF conventionnels et islamiques sont les suivantes :

- Les ETF islamiques dupliquent des indices composés d'actions conformes à la *charia* contrairement aux ETF conventionnels qui dupliquent n'importe quel indice.
- Les ETF islamiques nomment un Comité et des conseillers et se conforment à la politique d'investissement prônée par la *charia.*
- Un audit régulier est régulièrement mené par les conseillers pour s'assurer de la conformité aux principes de la *charia.*
- Les ETF islamiques évitent l'achat de contrats « *futures* » et autres produits dérivés. Les titres qui les composent ne sont pas toujours que des actions, mais également des *sukuks* ou des actifs tels que l'or ou l'argent.

5-Les Fonds Immobiliers (Real Estate Investment *Trust* : REIT)

5.1-Les REIT conventionnels

Un REIT est une entité côtée qui investit essentiellement dans l'immobilier. Ses actions sont côtées et négociées comme n'importe quelle action côtée. La valeur de l'action dépend de la NAV du REIT ce qui rend ce dernier proche de l'ETF avec l'exception qu'un REIT n'investit que dans l'immobilier. Quelques fonds se spécialisent dans certains types de propriétés comme les centres commerciaux, les hôtels, les tours de bureaux ou les résidences. D'un point de vue fiscal, les REIT présentent des spécificités qui leur sont propres. Le traitement fiscal des REIT est plus favorable et le taux de taxation est souvent inférieur à l'impôt sur les bénéfices des sociétés. En Malaisie par exemple, les dividendes sont taxés à 15 % au lieu de 28 % (taux de l'impôt sur les bénéfices). Les REIT bénéficient d'une exemption fiscale sur les bénéfices retenus à condition qu'ils distribuent au minimum 90 % de leurs revenus sous forme de dividendes.

Dans les pays développés, il y a essentiellement trois types de REIT :

- Equity REIT : c'est le type standard. Il investit dans des propriétés et fournit à ses actionnaires un rendement issu de la location et des paiements des loyers qu'il reçoit.

- Mortgage Finance REIT : ce type de fonds ne possède pas nécessairement des propriétés. Il investit plutôt dans des instruments financiers tels que le CMO (Collateralized Mortgage Obligations) ou des instruments de dette où le collatéral est un actif immobilier.

- Hybrid REIT : ce fonds présente les caractéristiques des deux premiers dans la mesure où il investit à la fois dans des propriétés mais également dans des instruments financiers dont le collatéral est constitué de prêts hypothécaires ou de real *estate*.

Les REIT sont très populaires y compris dans les pays musulmans. Cette popularité provient des nombreux avantages qu'ils offrent :

- Des revenus stables sous forme de dividendes.
- Un traitement fiscal favorable.
- La possibilité de participer à des investissements immobiliers même avec un petit montant de capital.
- L'investissement dans des REIT présente de faibles risques de liquidité car ils sont négociables comme n'importe quelle action.
- Un gain en capital, en plus des dividendes, est possible.

5.2-Les REIT islamiques

Un REIT islamique (i-REIT) est un fonds dont les investissements sont gouvernés par les principes de la *charia*. Comme le FCP islamique, un i-REIT doit avoir son propre Comité *charia* dont la mission est de s'assurer que les activités du fonds soient en ligne avec les exigences de la *charia*. Il y a trois types d'activités dans lesquelles le fonds opère : (1) investir et gérer des propriétés, (2) vérifier que les actifs soient assurés de manière conforme et (3) investir et gérer les loyers et les autres revenus reçus.

- S'agissant d'investir dans de nouvelles propriétés, le REIT islamique doit s'assurer de la conformité des activités des locateurs. En Malaisie par exemple, si une partie des loyers provient de locataires impliqués dans des activités non conformes, le fonds doit vérifier que cette somme ne dépasse pas 20 % du montant total des loyers reçus de la propriété. De plus, le Comité *charia* considère que les nouveaux locataires potentiels dont les activités professionnelles peuvent s'écarter de ce qu'exige la *charia* ne sont pas acceptés même si le seuil de 20 % n'est pas dépassé.

- Pour que les actifs soient assurés de manière conforme, un REIT islamique est tenu de faire appel un organisme d'assurance *takaful* et non pas une assurance conventionnelle. C'est seulement dans le cas où une couverture *takaful* n'est pas possible que l'assurance classique est tolérée. Un i-REIT reçoit des revenus locatifs tout au long de l'année, et les dividendes sont payés une ou deux fois par an. Ainsi, le fonds aura un surplus de capitaux à placer uniquement dans des actifs conformes à la *charia.*

Le premier REIT islamique à voir le jour en Malaisie est AL-'Aqar Healthcare REIT qui a été créé en juin 2006. Il est côté sur la Bourse de Malaisie. Son objectif est d'acquérir des propriétés et des biens immobiliers conformes à la *charia* et d'investir dans le même type de biens. Parmi ses acquisitions, on peut citer le complexe hospitalier KPJ Ampang Puteri. Le fonds distribue jusqu'à 99 % de dividendes. Par la suite, d'autres REIT ont été créés et, parmi eux, on peut citer le fameux Al-Hadharab Boustead REIT (2007) qui est le premier REIT islamique d'envergure mondiale.

5.3- Les différences entre un REIT conventionnel et un REIT islamique

D'un point de vue opérationnel, un REIT islamique est similaire au REIT conventionnel. Le tableau suivant dresse les principales différences entre les deux.

Tableau 11 : Différences entre un REIT conventionnel et un REIT islamique

	REIT Conventionnel	**i-REIT**
Revenus issus de l'immobilier	Pas de restriction, tout est légal	Restreints à un usage conforme à la *charia*
Revenus issus d'autres actifs non liés aux actifs immobiliers	Pas de restriction, tout est légal	Restreints à des investissements conformes dans d'autres actifs comme les *sukuks*
Activités permises dans l'immobilier	Pas de restriction, tout est légal	Restreintes à des activités et à un usage des actifs immobiliers conformes à la *charia*
Assurance	Assurance conventionnelle	*Takaful* (assurance islamique)
Financement	Pas de restriction, tout est légal	Financement conforme à la *charia* (Ijara, etc.)
Nomination d'un conseiller *charia*	Non requis	Obligatoire

6-Les Fonds de *private equity* (FPE)

6.1- Les FPE conventionnels

Les fonds de *private equity* (FPE) ou de capital-investissement sont des *pool*s privés d'investissement établis pour attirer et gérer des capitaux confiés par des investisseurs individuels fortunés et des institutionnels. Ils ont une flexibilité que n'ont pas les FCP ou les ETF. Les FPE ont un petit groupe d'investisseurs nommés les LP's (Limited Partners) qui effectuent des investissements importants. Même si la plupart des FPE ont un mandat pour investir dans une large catégorie d'actifs, certains se spécialisent dans le *venture capital* (capital-risque), le *growth capital*, le LBO (Leverage Buy Out), le capital-développement, et le Distress Capital. Le fonds de *private equity* est établi par une société de gestion appelée GP (General Partner). Les GP invitent les investisseurs à investir dans un FCPR (Fonds Commun de Placement à Risques) dont la durée légale est de 10 ans en général. Les LP's et les GP sont liés par une relation de partenariat via un pacte d'actionnaires. Au cours du temps, les GP peuvent avoir plusieurs fonds sous gestion. La structure type d'un FPE est la suivante :

Graphique 29 : Structure type d'un fonds de *private equity*

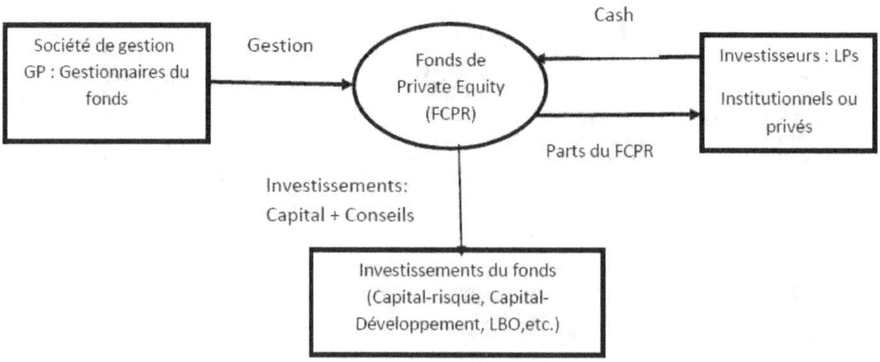

Comme pour les FCP, les investisseurs dans les FPE sont passifs et se fient au professionnalisme des GP. Cependant il existe quelques différences. Contrairement au FCP, un FPE requiert de gros montants d'investissement, de un à plusieurs millions d'euros. De plus les investissements sont illiquides et de long terme. Une période de blocage des fonds de plusieurs années est nécessaire. Le rendement des investisseurs (taux de rentabilité interne : TRI) suit une forme de courbe en « J » qui illustre l'évolution négative puis positive du rendement de l'investisseur. Par ailleurs, dans un FPE, l'investisseur n'injecte pas immédiatement de l'argent mais signe un engagement. L'argent est versé après chaque appel de capital effectué par le GP.

Le financement de cet engagement se fait donc de manière graduelle au fur et à mesure de l'identification et de la décision d'investir dans une société cible par le GP. La société de gestion est rémunérée selon le modèle 2-20 %. En effet, elle facture des frais de gestion de l'ordre de 2 % par an. Ce pourcentage décline avec l'actif sous gestion. De plus, elle touche une partie liée à la surperformance de 20 % appelée *carried interest* ou *carry*. Un *hurdle rate* de l'ordre de 5 à 8 % est souvent mis en place par les investisseurs, qui exigent ainsi un retour sur investissement minimum prioritaire. La performance des sociétés de gestion est mesurée par le TRI et le Multiple d'investissement du fonds.

6.2-Les FPE islamiques

Un fonds islamique de *private equity* est conçu selon le même format mais a un Comité *charia* qui supervise et approuve tous les investissements. Même si un FPE islamique ressemble à son homologue conventionnel, la conformité à la *charia* implique une grande différence dans le profil de risque. Alors que le FPE peut avoir recours à la dette pour se développer, un FPE islamique ne le peut pas. Cette absence de *leverage* financier limite non seulement l'exposition totale mais permet également d'éviter la volatilité des rendements qui résulte de l'endettement financier. La conformité à la *charia* implique également, l'absence de positions spéculatives, d'arbitrage de risque ou de positions courtes. Ainsi, un FPE islamique se doit d'éviter le risque excessif et de prendre uniquement des positions longues. De plus, le fait d'écarter les actifs qui peuvent contenir des éléments de *gharar* (incertitude) signifie que le FPE islamique ne peut pas utiliser des produits dérivés et la majorité des produits structurés. Ainsi, d'un point de vue opérationnel, un FPE islamique est différent de son homologue conventionnel même si les structures peuvent paraître similaires.

Cependant, les investissements en capital-investissement islamique et conventionnel sont très semblables lorsque seuls les fonds propres (*equity*) sont utilisés pour financer les acquisitions (cas du capital-risque et du capital-développement), sans recours à la dette (cas du *buyout*). Dans le cas de financement sans dette, le *private equity* véhicule les mêmes valeurs que celles de la finance islamique, à savoir le partage des risques entre les investisseurs et les managers des entreprises financées, comme c'est le cas des contrats Mousharaka.

En effet, le financement Mousharaka est le mécanisme principal du capital-investissement islamique. Cela implique une approche de co-investissement, où toutes les parties doivent contribuer au financement du projet dans lequel elles sont impliquées. Les pertes sont partagées entre elles selon la contribution de chacune dans le capital. Le co-investissement correspond à la règle dite de 1-99 qui est très courante dans le *private equity* conventionnel (les GP apportent 1 % qui représentent des parts C du fonds, acquises par le *top management*, et les LP's apportent les 99 % ce qui leur donne le droit à des parts A et B du fonds).

Comme les LP's dans le *private equity* conventionnel, dans une transaction Mousharaka, la firme de *private equity* islamique est représentée au Conseil d'Administration de la société cible, ce qui signifie qu'elle participe de manière active aux décisions managériales stratégiques et exerce un contrôle sur les activités de la société en portefeuille.

Cependant, de nombreuses différences existent entre les deux types de FPE. Le financement à effet de levier est un outil important pour le *private equity* conventionnel, et en particulier dans les opérations de buyout, où en plus d'un apport en fonds propres, les gérants de fonds lèvent auprès des banques et d'investisseurs non bancaires de la dette senior et de la dette mezzanine pour financer les sociétés acquises. Le recours à la dette booste les rendements. Les opérations de *buyout* affichent souvent des rendements au-dessus des marchés financiers.

Cependant, une dette assise sur l'intérêt n'est pas permise dans l'investissement conforme à la *charia*. Dans un montage de buyout, la dette crée une hiérarchie entre les différents instruments de financement (senior, mezzanine et *equity*) ce qui « viole » les principes de la finance islamique de traitement égal de tous les fournisseurs de capitaux (*pari passu*) et de prohibition de l'intérêt ou du *riba*. Les entreprises ciblées par les fonds de *private equity* islamiques doivent avoir au maximum 33 % de leurs actifs porteurs d'intérêt. Au-delà de ce seuil, elles cessent d'être conformes à la *charia*. Les fonds financent uniquement des sociétés dont le ratio dettes / fonds propres est inférieur au tiers de leur capitalisation. Par ailleurs, les sociétés peuvent être complètement opposées à toute forme de dette, ce qui rend nécessaire de trouver des sources de financement alternatives pour les accompagner et accroître les rendements potentiels des investissements.

L'usage de la dette conforme dans le *private equity* islamique est à un stade peu avancé. La plupart des investissements des fonds islamiques représentent soit du *venture capital* (capital-risque), soit du *growth capital* (capital croissance), avec des sociétés cibles ne générant pas les niveaux de *cash flows* nécessaires pour supporter un niveau de dette important. Plusieurs entreprises du monde musulman sont encore aux premiers stades de leur développement. L'investissement dans les entreprises qui ont des activités conformes à la *charia* et qui sont au stade de maturité (où l'industrie est consolidée, avec peu de leaders qui se partagent les parts de marché) constitue une option crédible pour les investisseurs.

Bien que la finance islamique se développe de manière significative, son potentiel de croissance dans les opérations de *buyout* conformes à la *charia* reste inexploité. En effet, la finance à effet de levier conforme à la *charia* peut devenir un outil attractif pour les sociétés de *private equity* occidentales pour investir dans la région MENA (Middle East North Africa) et les autres pays de l'Organisation de la Conférence Islamique (OCI), et leur donne un point d'entrée sur ces marchés émergents et prometteurs. À titre d'exemple, on peut citer le rachat par effet de levier conforme à la *charia* de la société Egyptian Fertilizer Company (100 % du capital) par le fonds Abraaj Capital en 2007, qui a été conseillé par l'équipe de la Deutsche Bank's Islamic Finance. Le montant total de l'opération a été de 1,9 milliard de dollars, et une dette de 850 millions de dollars a été levée par les acquéreurs pour refinancer la dette existante dans le bilan de la cible mais également pour boucler le tour de table et financer l'opération de rachat elle-même. Avec l'accord et l'appui de conseillers *charia*, des engrais pour un montant de 850 millions de dollars ont été acquis le premier jour du prêt par un contrat Istisna' et remboursée sur une période de huit ans.

Le tableau suivant illustre les différences clés entre les modes de financement notamment ceux relatifs à la dette interdite par la *charia*. Des contrats de type Salam ou Istisna' offrent une alternative à la dette senior et à la dette mezzanine assises sur l'intérêt, les dérivés (OBSA pour la dette mezzanine) et l'effet de levier.

Tableau 12 : Montage de type LBO : *private equity* conventionnel *versus private equity* islamique :

Private equity conventionnel	*Private equity* islamique
Fonds propres (*equity*)	Fonds propres (*equity*)
Dette senior (avec intérêt) • Tranche A • Tranche B	Dette conforme à la *charia* • Dette conforme à la *charia* (pas d'intérêt) : (deux tiers et plus du *deal*), Salam • Dette avec intérêt (pas plus de 33 % du *deal* en *cash* et instruments de dette)
Autres instruments : • Dette mezzanine (intérêt plus participation aux bénéfices (*equity kickers*)) • Second lien, compte courants d'associés	Autres instruments : • Salam parallèle • Istisna'
Montant total du *deal*	Montant total du *deal*

7-Les risques uniques liés aux opérations d'investissement des fonds islamiques

Les risques auxquels font face les investissements islamiques, tels que le risque de conformité à la *charia* et le risque d'investissement en fonds propres, sont uniques du fait de la nature même de ces investissements (Archer et Rifaat, 2007). Une observation inadéquate ou insuffisante des *guidelines* de la *charia* peut entraîner la dissolution du fonds d'investissement et une perte de confiance et de réputation. Nous présentons dans ce qui suit ces risques :

➢ Le risque de conformité :

Le risque de conformité peut apparaître à plusieurs étapes de l'investissement islamique. Il se décline selon plusieurs types et l'impact de chacun est différent :

➢ Le premier type de risque est lié à l'obligation pour un investissement d'être considéré comme conforme à la *charia.* Il s'agit là d'une différence fondamentale entre la finance islamique et la finance conventionnelle. Tout investissement / produit islamique doit éviter le *riba*, le *gharar* et le *maysir*. Par ailleurs, la conformité à la *charia* nécessite l'abstention d'investir dans des industries où le *core business* est considéré comme illicite, comme l'alcool, le porc, le cinéma et les jeux. Le non-respect de ces principes peut avoir un impact considérable pouvant aller jusqu'à la dissolution de l'entité et il peut causer un grand tord à la réputation, d'où la responsabilité du Sharia Board de contrôler la conformité des investissements et de les valider avant tout engagement (Archer et Rifaat, 2007).

✓ Le second type de risque est lié au processus d'implémentation des produits financiers. Généralement, le processus démarre avec la présentation de ces produits au Comité *charia.* Ce dernier examine la description et la structure des produits, leurs actifs sous-jacents éventuels, les différents types de contrats ainsi que les charges et les frais. Après une discussion détaillée, le Comité rend son avis. Une fois le produit finalisé tel que conseillé, le Comité *charia* le légitime, et il peut être alors proposé au marché. Le risque de conformité à la *charia* survient lorsque le produit ne se conforme pas au processus approuvé par le Comité (si, par exemple, le processus tel qu'il est conseillé est séquentiel et ordonné, il faut respecter les étapes). Ce type de risque peut être mitigé par un auditeur *charia* qui audite le processus opérationnel de chaque produit. Le risque est évité si les corrections sont apportées immédiatement. Un exemple de ce type de risque peut être rencontré dans un contrat Wakala où l'argent est reçu par le *wakeel* (l'agent) avant que l'offre ne soit acceptée par le *muwakil* (principal). L'argent ne peut être investi avant que l'acceptation de l'offre soit signée, et ce conformément aux règles de la *charia*.

✓Le troisième type de risque survient lorsque les contrats sont considérés comme nuls par un autre groupe de scholars ou par un organisme de régulation.

➢Le risque de concentration :

Du fait du filtrage des titres, l'univers d'investissement islamique offre un choix limité de produits financiers conformes aux principes de la *charia*. En conséquence, un des principaux véhicules d'investissements pour les institutions financières islamiques tend à être le Real Estate (immobilier). Ce type de concentration n'est pas sans risque, et notamment dans les conditions défavorables du marché telles que la crise des *subprimes* de 2008. L'impact de ce type de risque peut être très important en cas de changement soudain des conditions microéconomiques. L'investissement islamique a un besoin urgent de produits financiers innovants pour une meilleure diversification. À titre d'illustration, rappelons la faillite de Dubaï World, la *holding* publique propriétaire de l'île artificielle sous forme de palmiers qui avait demandé une restructuration et un moratoire de 6 mois à ses créanciers concernant sa dette qui s'élevait à 59 milliards de dollars. Le prix de couverture contre un défaut de paiement de la dette souveraine de Dubaï (Credit Default Swap ou CDS) est passé de 111 à 429 points de base (un point de base = 0,01 %). Cette crise a affolé les marchés et illustre bien le risque de concentration sur un seul actif, ici l'immobilier (*The Economist*, 2010).

- Le risque d'investissement en fonds propres (risque de taux de rendement.

L'investissement islamique fait face à un risque en fonds propres, dû largement à l'utilisation des contrats Moudhara et Mousharaka. Cependant, il y a d'autres risques, comme le manque de produits conformes à la *charia* pour absorber la liquidité des investissements islamiques qui se traduit par des risques de perte. En effet, les produits islamiques sont peu nombreux par rapport aux fonds disponibles pour l'investissement islamique. Ceci entraîne de faibles taux de rendement des capitaux investis car ils sont placés dans des titres courts, ce qui crée des problèmes de disparité, étant donné que la finance islamique trouve ses opportunités dans des projets à long terme tels que les projets d'infrastructures, l'immobilier ou encore les *sukuks*.

- La finance islamique et les produits dérivés

Certains instruments utilisés pour gérer les risques dans les institutions occidentales sont interdits par la *charia*. Ainsi, les produits dérivés sont très rares malgré leur usage très fréquent en Occident pour se protéger contre la volatilité des marchés. La *charia* exige que l'actif sous-jacent dans les transactions soit tangible. Ceci exclut de fait la majorité des produits dérivés. Prenons les cas des contrats *futures* et des contrats *forward.* L'objectif de ces deux contrats est de gérer le risque de fluctuation des prix dans le futur. La différence entre les contrats *forward* et *futures* est que que les prmiers sont des contrats de gré à gré (*over the counter*) non standardisés et faits sur mesure entre l'acheteur et le vendeur, alors que la négociation des *futures* est régulée et standardisée. Les caractéristiques des contrats *futures* et *forward* non permises par la *charia*, sont liées aux méthodes de paiement et de livraison des marchandises. Les deux surviennent dans le futur. En effet, lorsque le contrat est signé par l'acheteur et le vendeur, il n'y a pas de paiement du prix au moment de la signature, les signataires se mettent juste d'accord sur le prix futur. C'est un prix que l'acheteur doit payer à la date de maturité. Le vendeur a également l'obligation de livrer la marchandise. Comme l'échange de la monnaie et des marchandises se réalise dans le futur, il ne respecte pas les conditions de la vente islamique. Les deux contrats sont ainsi interdits par la *charia*.

Le contrat islamique le plus proche des *forward* et des *futures* est le Salam qui a été validé par l'école malikite à condition que les biens ne soient pas de la nourriture ou des produits agricoles, tels que le blé, l'orge, le sel et les dattes. Le Salam est un contrat dans lequel l'acheteur paye le prix total de la marchandise au comptant au moment de la signature du contrat et reçoit la marchandise à terme. Ces deux conditions permettent d'éviter que le contrat ne soit utilisé pour des raisons spéculatives. Dans un contrat *forward,* l'argent et la marchandise sont échangés à terme. L'avantage du contrat Salam, est que le vendeur (qui peut être un agriculteur par exemple) reçoit l'argent tôt. En termes de risque de crédit entre le *forward* et le Salam il y a également des différences. Dans le contrat *forward,* les deux parties peuvent faire défaut à maturité et font ainsi face à un risque de crédit : l'acheteur risque de ne pas payer et le vendeur risque de ne pas livrer la marchandise convenue dans le contrat. Cependant, dans le contrat Salam, seul l'acheteur fait face à un risque de crédit, *i.e.* si le vendeur ne livre pas la marchandise. Une autre différence concerne le prix : dans un contrat *forward*, les deux parties doivent considérer tous les coûts qui peuvent survenir entre la date de signature du contrat et la maturité. Par exemple, si l'actif sous-jacent est l'or, il faut considérer les coûts de stockage jusqu'à la maturité qui viendront s'ajouter au prix initial. Au contraire dans un contrat Salam, le prix convenu est le prix comptant décôté. Ceci est dû au fait que l'acheteur a payé *cash* le prix total et que le vendeur a une certaine flexibilité quant à la qualité de la marchandise à livrer dans le futur en cas d'impossibilité de livrer exactement la qualité convenue à l'avance.

La finance islamique se développe rapidement et de nouveaux produits sont élaborés et pourraient avoir des attributs de risque management et imiter les produits dérivés conventionnels sans transgresser la *charia*. Ainsi par exemple le produit Tahawwut Master Agreement (TMA), qui signifie *hedging*, a été élaboré en 2010 par l'ISDA et l'IIFM, respectivement l'International Swap and Derivatives Association et l'International Islamic Financial Market. Selon les principes de la *charia*, le Tahawwut doit être strictement lié aux transactions sous-jacentes et ne peut pas être une transaction qui a pour seul but de gagner de l'argent à partir de l'argent. Le TMA pourrait ouvrir la porte à une gestion des risques rapide et moins chère dans la finance islamique et à des transactions multidevises plus fréquentes. Le contrat crée un cadre standard et légal pour les dérivés de gré à gré dans les marchés islamiques, alors qu'actuellement les contrats sont arrangés sur une base *ad hoc* (ISDA, 2010).

L'absence des produits dérivés soulève un débat parmi les jurisconsultes sur leurs avantages et leurs inconvénients :

- Côté avantages, le manque d'instruments de gestion de risque largement utilisés en Occident, comme les dérivés, et le rejet de certains secteurs, comme les banques, signifient que les marchés financiers islamiques ont une corrélation faible avec les marchés financiers. Ceci a apporté une protection contre les turbulences des marchés comme celle de la crise des *subprimes*. Plusieurs acteurs s'accordent à dire que l'usage des produits dérivés accroît la volatilité et que les institutions financières obtiennent d'énormes profits à travers leur emploi au détriment des clients. Ainsi, l'absence de tels instruments en finance islamique devrait bénéficier aux investisseurs.

- Côté inconvénients, l'industrie financière islamique est gouvernée par une multitude de régulations nationales, ses propres organismes de contrôle et des *scholars* qui interprètent les lois islamiques, ce qui rend les contrats plus compliqués. Les *scholars* sont divisés sur la légitimité des produits dérivés islamiques : certains les permettent pour couvrir les risques, les autres les voient comme des instruments de spéculation interdits par l'islam. Alors que les banques islamiques ont évité les outils complexes qui étaient au cœur de la crise financière, elles ont été malgré tout impactées (baisse des profits, même si elles ont mieux résisté en terme de crédit à l'économie et de hausse d'actifs, FMI 2010). Les prêts non performants et la baisse de la valeur des investissements dans la région MENA ont augmenté en partie du fait de l'absence d'un système de gestion des risques adéquat.

8-Challenges pour un plus grand développement des marchés financiers islamiques

Le développement des marchés financiers islamiques passe par une meilleure résolution des défis majeurs suivants

- Le cadre réglementaire et législatif

L'existence d'un cadre législatif et réglementaire solide est essentielle pour les marchés des capitaux. Les lois pour protéger les droits des investisseurs et les procédures pour résoudre les conflits de manière efficace renforcent la confiance des investisseurs. Cette question est plus importante aujourd'hui dans un contexte où la compétition fait rage entre les places financières pour attirer les investisseurs étrangers transnationaux. Dans une majorité de pays musulmans, où une demande pour les produits islamiques existe, un système légal et réglementaire robuste n'est pas encore en place. Dans plusieurs cas, des amendements aux lois locales sont effectués sur une base *ad hoc* pour s'adapter à une transaction. L'expérience de certaines émissions de *sukuks* donne des indications sur l'ampleur du problème. Par exemple, dans le cas d'une transaction de *sukuk* Ijara souverain, le propriétaire des actifs (le gouvernement ou une entité publique qui lui est liée : Banque Centrale, Ministère des Finances, etc.) a besoin d'entrer dans une transaction de location. Cependant, la réglementation nationale empêche ce propriétaire de nantir ou louer des actifs afin de structurer la transaction. Ceci est un point fondamental, et la politique du pays hôte pour promouvoir la finance islamique est un point essentiel pour permettre un plus grand développement de la finance islamique.

- La standardisation du cadre légal

Une des raisons majeures de l'inefficience est que la plupart des marchés financiers islamiques opèrent dans un système légal soumis à la loi commune (Common Law) et civile conventionnelle ce qui n'est pas toujours compatible avec la *charia*. Des environnements légaux différents d'un pays à l'autre rendent la tâche d'introduction de nouveaux produits très difficile et coûteuse. Les pays qui souhaitent développer leurs marchés de capitaux doivent revoir leurs systèmes légaux et faire des efforts pour rendre leurs cadres réglementaires conformes à la *charia*. Ils doivent coordonner leurs efforts pour s'assurer que leurs systèmes légaux soient standardisés et harmonisés. De cette façon, il n'y aura pas d'ambiguïté sur le statut des transactions financières effectuées sur les marchés financiers dans une juridiction particulière.

- Les incitations pour la promotion des marchés financiers

Pour promouvoir les marchés financiers islamiques, les décideurs politiques devraient offrir des avantages aux entreprises et aux institutions financières dans le recours à des instruments islamiques. Ces avantages peuvent être de nature fiscale pour les émetteurs et les souscripteurs des titres islamiques, par exemple une réduction de taxe sur les dépenses de recherche et de développement de produits financiers islamiques ou une réduction d'impôt sur les paiements effectués sur les *sukuks* similaires à la déduction fiscale sur les intérêts payés sur les obligations ou les titres de dette du système conventionnel. Concernant le marché actions, les décideurs devraient essayer d'attirer les investisseurs particuliers pour une plus grande participation dans les investissements dans des actions conformes à la *charia*. Le développement des technologies de l'information permet aux décideurs de toucher les investisseurs particuliers à travers le monde, à condition que les marchés soient libéralisés et qu'il n'y ait pas trop de restrictions pour les investisseurs étrangers.

➢ Le développement d'un écosystème favorable à la finance islamique :

Aujourd'hui, les marchés financiers sont soutenus par plusieurs institutions qui jouent des fonctions critiques pour assurer des opérations régulières. Cela inclut des agences de *rating*, des associations professionnelles, des agences publiant des normes et des pratiques du métier. Des progrès ont été déjà réalisés avec la création en octobre 2005 de la Malaysian Rating Agency Berhad (MARC), de l'agence de notation pakistanaise JCR-VIS Credit Rating, de l'International Islamic Financial Markets (IIFM) et de l'International Islamic Rating Agency (IIRA). L'IIFM a été créé en 2002 à Bahreïn pour agir en tant qu'association industrielle et assurer la coopération parmi les acteurs des marchés, et travailler avec les institutions conventionnelles pour améliorer la création de nouveaux produits islamiques. L'IIRA basée à Bahreïn a été créée pour évaluer et fournir une note de manière indépendante sur la probabilité de défaut et de perte des institutions financières islamiques ainsi que de leurs produits et instruments. Des institutions similaires devraient être lancées en Afrique par exemple pour booster les marchés locaux.

➢ Le rôle des conseillers *charia* pour booster la finance islamique

Les jurisconsultes peuvent également jouer un rôle crucial. Une expertise multidisciplinaire couvrant les problématiques allant de l'interprétation théologique à la structuration financière doit être renforcée, avec le partage du savoir, la formation croisée et une bonne connaissance des fonctionnements des marchés. Afin de stimuler des activités transfrontalières dans les marchés primaire et secondaire, l'acceptation des contrats à travers les régions, les écoles de pensée et les marchés sera d'une aide très utile.

➢ La finance islamique et la fiscalité

Les systèmes de taxation de la majorité des pays ont été développés dans un environnement de finance conventionnelle. La plupart des transactions effectuées en finance islamique cherchent à atteindre les mêmes objectifs. Cependant, elles requièrent plus d'étapes et plus d'acteurs que les transactions financières conventionnelles. Par exemple, le prêt d'un capital pour une durée de douze mois à un taux d'intérêt fixe avec un seul remboursement nécessite seulement une transaction, à savoir le transfert de la monnaie de la banque à l'emprunteur, en même temps que la signature d'un contrat de crédit spécifiant le taux et la date de paiement. Pour la même opération, si on utilise un contrat Mourabaha sur la marchandise objet du contrat (*commodity* Mourabaha), cela nécessite trois opérations : (1) son acquisition par la banque islamique, (2) la vente de la marchandise par la banque islamique à un client et (3) la vente de la marchandise par le client à un autre client participant au marché.

Les transactions additionnelles requises par la finance islamique sont sujettes à un risque de taxes de transfert ou de taxes sur les gains et les revenus générés. Ceci peut être compris plus aisément en considérant les *sukuks* qui sont plus coûteux que les obligations conventionnelles, du fait de la multiplication des transactions et des intervenants dans le processus d'émission. Une modification de la fiscalité devrait aider la finance islamique. Dans cette optique, le cas de la Malaisie est intéressant à évoquer. En effet, ce pays leader dans le marché des *sukuks* a mis en place une approche qui a l'avantage d'être simple et rapide. Elle est basée sur une procédure mise en place par les autorités de tutelle, qui consiste à déterminer à l'avance si une transaction constitue ou non une transaction islamique. Pour les transactions qui sont certifiées conformes à la *charia*, la loi fiscale peut être modifiée relativement facilement pour lui donner le même traitement fiscal qu'une transaction conventionnelle. Lorsque des transactions intermédiaires sont nécessaires pour la structuration d'une opération financière islamique, elles peuvent ne pas être prises en compte pour des considérations fiscales.

Chapitre 4 : La banque et l'assurance islamique (*takaful*)

A-L'industrie bancaire islamique

Les institutions financières islamiques sont celles dont les opérations et les objectifs sont basés sur les principes du Saint Coran. À ce titre, elles sont différentes des institutions conventionnelles qui n'ont pas de préoccupations religieuses. Les banques islamiques fournissent des services sans intérêts payés ou reçus conformes à la *charia*. L'interdiction du *riba* rend le système bancaire islamique fondamentalement différent du système bancaire classique.

1-Qu'est-ce que la banque islamique ?

Le rejet de l'intérêt pose la question centrale de savoir ce qui remplace le mécanisme du taux d'intérêt dans le cadre islamique. L'intermédiation financière est au cœur du système financier islamique. Si la réception et le paiement d'intérêts sont interdits, comment les banques islamiques opèrent-elles alors ? En fait, le système basé sur l'intérêt est remplacé par le principe du « partage des pertes et des profits » (« PPP ») comme méthode d'allocation des ressources et d'intermédiation financière. Dans ce système, la banque ne charge pas d'intérêts mais participe au rendement généré par l'utilisation des fonds. Les déposants partagent également les bénéfices de la banque selon un ratio prédéterminé. Il y a ainsi un partenariat entre la banque islamique et ses déposants d'un côté, et entre la banque et ses clients investisseurs de l'autre côté, la banque étant le gestionnaire des capitaux des déposants investis dans des projets productifs et tangibles. Ce fonctionnement est opposé à celui de la banque conventionnelle qui emprunte des capitaux à un taux d'intérêt (soit sur le marché du crédit interbancaire, soit auprès de la Banque Centrale) et prête des fonds en facturant un taux d'intérêt supérieur au taux auquel elle a emprunté. Ce qui rend complexe la banque islamique, c'est la variété des contrats et des instruments utilisés, ainsi que la compréhension des lois islamiques.

2-La banque islamique : quelques faits statistiques

Selon le dernier rapport sur la compétitivité des banques islamiques 2015-2016 publié par Ernst & Young (EY), les bénéfices cumulés par les banques islamiques dans les États du Golfe ont dépassé en 2014 et pour la première fois les 12 milliards de dollars. Le cabinet d'audit international prévoit la poursuite de la croissance du secteur, malgré les incertitudes économiques et les tensions politiques qui touchent la région. La croissance de la finance islamique est due notamment à l'augmentation des dépenses publiques dans la région. Le rapport relève que l'industrie financière islamique est tirée par neuf pays qui sont l'Arabie Saoudite, le Qatar, l'Indonésie, la Malaisie, les Émirats Arabes Unis, la Turquie, Bahreïn, le Koweït et Oman. Ces pays comptent pour 93 % des actifs de l'industrie qui est estimée à 920 milliards de dollars en 2015. Ce qu'on appelle le QISMUT dans le jargon anglo-saxon (Qatar, Indonesia, Saudia Arabia, Malaysia, UAE, Turkey) se partage 80 % de ces actifs. D'après EY, les pays du « Top 9 » et 40 banques islamiques constituent les moteurs de croissance de l'industrie. Cependant, la taille des banques islamiques représente qu'un tiers de celle des banques conventionnelles et en termes de rentabilité, les premières affichent des performances moindres (12,6 % de ROE (Return on Equity) contre 14.5 %). Voir le tableau ci-dessous :

Tableau 13 : Actifs sous gestion et ROE comparatifs

	ROE moyen (2014)	Actifs moyens	Taux de croissance moyen (2010-2014)
Banques islamiques leaders (top 20)	12.6 %	$ 23 milliards	14 %
Banques conventionnelles	14.5 %	$ 87 milliards	11 %

Source : Rapports financiers des banques, EY 2016.

La profitabilité des banques islamiques faisant partie du « Top 20 » a atteint 7 milliards de dollars, en augmentation de 14 % sur la période 2010-2014. Cela s'est traduit par un excellent ROE qui a fortement contribué à l'accroissement des capitaux propres (22 banques ont atteint 1 milliard de dollars ou plus de capitalisation, ce qui leur permet de jouer un rôle majeur dans le financement de l'économie régionale). Avec 36 %, les banques islamiques saoudiennes sont les leaders incontestables du marché, suivies par les banques malaisiennes (17 %) et celles des EAU (16 %).

Graphique 30 : Contributions du QISMUT + 3 dans le total des actifs bancaires (fin 2014)

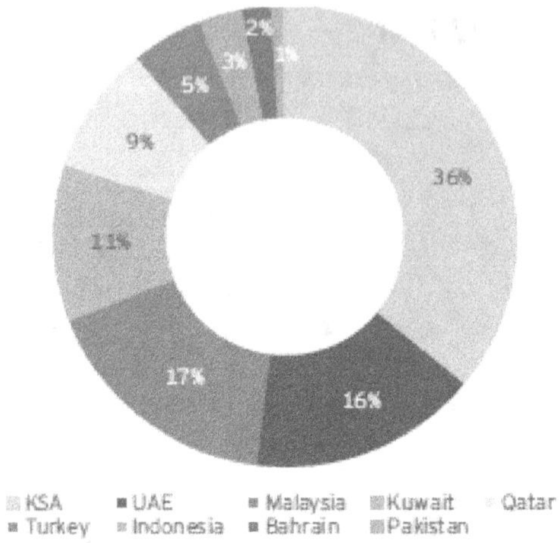

Source : EY 2016

D'après les projections réalisées par EY relatives à l'état de l'industrie bancaire en 2020, les actifs des banques islamiques du QISMUT + 3 (le « Top 9 ») devraient augmenter en moyenne de 14 % sur la période 2015-2020, avec un total d'actifs de 1,8 trillion de dollars pour l'ensemble des neuf pays leaders. Le marché QISMUT restera le marché phare avec les pays du CCG aux premières places. Ces chiffres positifs sont tirés par une demande en forte progression, et ce malgré les conditions macroéconomiques et politiques difficiles que connaissent plusieurs pays émergents et notamment les pays de la région MENA. Le graphique ci-dessous fournit une projection de l'industrie bancaire islamique à l'horizon 2020 :

Graphique 31 : L'industrie bancaire islamique en 2020 (en milliards de dollars)

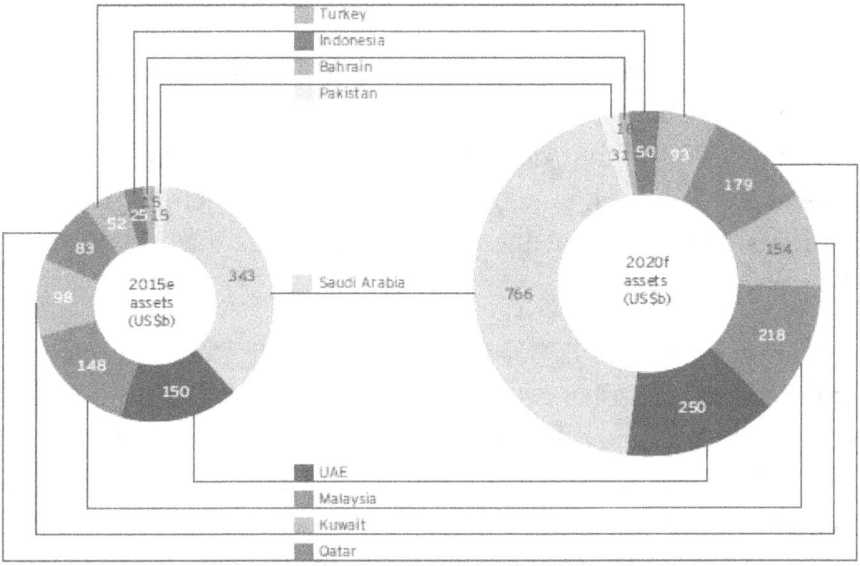

Source : EY 2016

3-Tendances de la banque islamique dans le monde non musulman

➢ Le cas spécifique du Royaume-Uni :

Le Royaume-Uni s'est positionné comme le leader incontestable de la finance islamique en Europe. La FSA (Financial Services Authority), l'organe de régulation des marchés financiers britannique, a une attitude favorable envers la finance conforme à la *charia*. Elle y voit le moyen de financer les très gros besoins en infrastructures du Royaume (à titre d'exemple, la finance islamique a permis le financement du village olympique ou encore Harrods). La place de Londres est devenue un « Hub » pour la finance islamique au même titre que Dubaï ou Kuala Lumpur. En effet, le London Stock Exchange (LSE) est devenu une place financière mondiale de premier plan pour les émissions de *sukuks*. À la fin 2014, 34 milliards de dollars ont été levés à travers 49 émissions de *sukuks*. Le premier *sukuk* côté sur le LES a été émis en 2007 par Tabreed, société basée aux EAU pour un montant de 200 millions de dollars. La Grande-Bretagne compte une vingtaine de banques impliquées dans des transactions financières islamiques (dont six totalement conformes), plus que n'importe quel autre pays en Europe.

Selon le secrétariat de la UK Islamic Finance, le Royaume-Uni est le premier centre de finance islamique avec 19 milliards de dollars d'actifs sous gestion à la fin 2014, en croissance de 150 % depuis 2006. En juin 2014, le gouvernement a renforcé la position de leader européen de la Grande-Bretagne dans la finance islamique, en devenant le premier pays occidental à émettre un *sukuk* souverain (Ijara) d'un montant de 200 millions de livres sterling avec une maturité allant au 22 juillet 2019. Ce *sukuk* qui a totalisé des ordres d'un montant de 2,3 milliards livres sterling, a été vendu à des investisseurs de Grande-Bretagne et aux principales institutions financières islamiques à travers le monde (fonds souverains, Banques Centrales, institutions financières internationales).

➢ Le reste du monde

Il existe une forte demande pour les produits financiers islamiques en Europe, mais à ce jour, et pour un certain nombre de raisons incluant l'aversion pour le risque et le conservatisme, ce besoin n'est pas totalement satisfait. En France, pays qui compte 10 % de musulmans à ce jour, la finance islamique est surtout « pratiquée » par les banques d'affaires pour structurer des émissions de *sukuks* émis par les pays du Golfe et prendre des commissions. Quelques sociétés de conseils pour les particuliers commencent à voir le jour, notamment dans le secteur

immobilier ou les services. Ailleurs, on peut citer le cas de la Russie qui a créé la banque islamique AK Bars dont le siège est basé au Tatarstan, et l'Allemagne qui a lancé la première banque islamique d'Europe continentale, la Kuveyt Türk, dont le siège est à Francfort et qui a déjà ouvert trois agences.
Aux États-Unis où vivent quelques millions de musulmans, la banque LARIBA (en arabe « pas de *riba* ») offre des produits financiers conformes à la *charia* notamment dans le secteur immobilier pour les particuliers. Avec près de 20 millions de musulmans, la Chine s'intéresse à la finance islamique. Les banques publiques chinoises sont déjà présentes dans le Golfe. En 2014, la Agricultural Bank of China, la Bank of China et la Industrial and Commercial Bank of China ont émis des obligations conventionnelles sur le Nasdaq Dubai. La prochaine étape sera l'émission de *sukuks*.

4-Comment fonctionnent les banques islamiques en l'absence d'intérêts ?

Une banque islamique fournit et utilise les mêmes produits et services financiers qu'une banque conventionnelle. Mais ces produits et services doivent être conformes aux pratiques religieuses islamiques et aux lois qui interdisent en particulier la réception et le paiement de l'intérêt (*riba*). En pratique, cela signifie qu'à la place des prêts la banque islamique utilise des dispositions basées sur le principe de partage des profits et des pertes (PPP ou « 3 P »). La banque effectue des opérations d'achat et de revente de biens, et des prestations de services, en contrepartie de frais et de commissions. Tous ces principes forment la base de contrats conformes à la *charia*. Selon le modèle « 3P », le taux de rendement des actifs financiers n'est ni connu ni fixé avant d'effectuer la transaction. Dans les opérations d'achat-revente, une marge (*mark-up*) est ajoutée. Elle est basée sur un taux de rendement de référence (*benchmark*), typiquement un rendement déterminé sur les marchés internationaux comme le LIBOR qui est un taux d'intérêt de référence reconnu à l'échelle internationale.

La banque islamique détermine également le rendement des dépôts effectués par ses clients de manière différente. Dans une banque conventionnelle, le taux de rendement est déterminé de manière contractuelle (fixé à l'avance ou lié à un taux variable) et ne dépend pas directement de la performance des prêts consentis par la banque. Dans une banque islamique, le taux de rendement d'un dépôt est directement lié à la qualité des décisions d'investissement effectuées par la banque. Si celle-ci réalise des bénéfices, le déposant en tire profit. Mais si la banque enregistre des pertes, alors le déposant peut perdre tout ou partie de ses dépôts. L'accord contractuel entre la banque islamique et les déposants ne prédétermine pas un taux de rendement, mais fixe seulement le ratio selon lequel les profits et les pertes seront partagés entre les parties contractantes.

Le fait que le modèle de la banque islamique soit différent du modèle conventionnel ne veut pas dire qu'il est sans risque, bien au contraire. Des risques particuliers à la banque islamique sont dus aux caractéristiques spécifiques des contrats, à la réglementation, à la gouvernance et à la gestion de la liquidité. Par exemple, le financement basé sur les « 3 P » transfère le risque de crédit de la banque à ses investisseurs/déposants. Mais il accroît également le degré global du risque du côté des actifs du Bilan, car il rend la banque islamique vulnérable à des risques supportés normalement par les investisseurs en fonds propres plutôt que par les créanciers.

De plus, du fait de leur conformité à la *charia*, les banques islamiques ne peuvent pas utiliser des instruments de couverture contre les risques (dérivés et *swaps*) comme le font banques conventionnelles. Par ailleurs, elles opèrent dans des environnements où les marchés interbancaires et les marchés monétaires ne sont pas toujours assez développés, ce qui limite leur accès aux facilités offertes par la Banque Centrale dans son rôle de prêteur en dernier ressort.

À certains égards, la banque islamique devrait être moins risquée qu'une banque conventionnelle. Par exemple, la banque islamique est apte à transférer un choc négatif du côté de son Actif (tel qu'un choc macroéconomique qui impacte négativement les *cash flows* de ses projets en « 3 P ») aux investissements des déposants. Le partage des risques du côté des déposants fournit ainsi une protection supplémentaire à la banque. Mais d'un autre côté, on peut remarquer que le besoin d'assurer un rendement stable et compétitif, la responsabilité vis-à-vis des investisseurs en cas de négligence ou de mauvaise gestion (risques opérationnels) et la difficulté d'accéder à la liquidité mettent une pression supplémentaire sur la banque islamique et la poussent à être plus conservatrice. De plus, les investisseurs/déposants partagent les risques (et de ce fait n'ont pas d'assurance sur leurs dépôts) et ils ont intérêt à exercer un contrôle étroit sur la gestion de la banque islamique et sa gouvernance.

5-Banque islamique *versus* banque conventionnelle

Dans ce qui suit, nous mettons en avant les principales différences entre une banque islamique et son homologue classique

- L'islam permet un seul type de prêt, le *qard hasan*, qui est un prêt gratuit et sans intérêt ni montant ajouté au capital prêté. Tout paiement prédéterminé au-dessus du montant principal est strictement interdit. Pour les jurisconsultes des quatre écoles (hanafite, malékite, shâfi'ite et hanbalite), l'interdiction s'applique à n'importe quel avantage ou bénéfice que le prêteur peut tirer de son prêt tel que par exemple manger à la table de l'emprunteur, utiliser son mulet ou encore profiter de l'ombre de son mur (Siddiqi, 2004). Ce principe oppose clairement la banque islamique à la banque traditionnelle dont le cœur de métier est basé sur la marge d'intérêt qu'elle gagne en plus des commissions, assurances et primes de risque liées aux prêts accordés à ses clients.

- Contrairement à la banque conventionnelle, le principe des « 3 P » exige que le prêteur partage les profits et les pertes issus du projet financé par le prêt. L'islam encourage les musulmans à investir leurs capitaux et à devenir des partenaires pour partager les gains et les pertes liés aux affaires, au lieu de devenir prêteurs. La finance islamique est basée sur la croyance que le fournisseur du capital et son utilisateur doivent équitablement partager les risques liés aux projets qu'ils soient commerciaux, industriels ou de services. En termes bancaires, cela signifie que la banque islamique, le déposant (investisseur) et l'emprunteur (entrepreneur) doivent tous partager les risques et les rendements des projets.

- Dans le système bancaire conventionnel, tous les risques sont supportés par l'entrepreneur. Que le projet génère des bénéfices ou des pertes, le fournisseur du capital est quand même rémunéré par un rendement prédéterminé. En finance islamique, ce type de distribution jugé injuste n'est pas permis. Dans la banque islamique pure, l'investisseur et l'entrepreneur partagent les résultats des projets de manière équitable. En cas de bénéfice, il est partagé entre les deux parties dans des proportions connues et validées à l'avance. En cas de perte, celles-ci sont supportées par le fournisseur du capital (investisseur), et l'entrepreneur sera pénalisé en ne recevant aucun rendement (salaires) pour ses efforts.

- Dans le système bancaire traditionnel, ce qui compte le plus pour une banque c'est que le prêt soit remboursé et que les intérêts soient payés selon l'échéancier défini. Ainsi, l'octroi d'un prêt dépend principalement de la solvabilité de l'emprunteur. Dans le système bancaire basé sur le « PPP » islamique, la banque recevra un rendement seulement si le projet réussit et génère des bénéfices. Par conséquent, la banque est plus concernée par la solidité du projet, le sens des affaires et la compétence managériale de l'entrepreneur.

L'accent est ainsi mis sur la productivité et non pas sur la solvabilité.

- Contrairement à ce qui se pratique dans la banque conventionnelle, gagner de l'argent à partir de l'argent n'est pas acceptable par la *charia*. La monnaie en islam est seulement un moyen d'échange et un instrument d'évaluation d'un produit ou d'un service. Elle n'a pas de valeur en elle-même et, par conséquent, elle ne devrait pas générer plus de monnaie par le biais de paiement d'intérêts fixes, simplement en étant déposée dans une banque ou prêtée à une tierce personne. L'effort humain, l'initiative et les risques impliqués par des projets productifs sont plus importants que la monnaie utilisée pour les financer. Les juristes musulmans considèrent la monnaie comme un « capital potentiel » plutôt que comme un capital, ce qui signifie qu'elle devient un capital seulement lorsqu'elle est investie dans le business (principe de connexion à l'économie réelle). En conséquence, la monnaie fournie dans un projet sous forme de prêt est considérée comme une dette et non pas comme du capital, et en tant que telle, elle n'a le droit à aucune rémunération (*i.e.* intérêt). Les musulmans ne doivent pas thésauriser l'argent ; au contraire ils sont encouragés à investir dans des projets réels et productifs qui ont un impact positif sur la société dans son ensemble.

- Les transactions islamiques doivent être dépourvues de *gharar* (incertitude, risque ou spéculation). Les parties contractantes doivent avoir une parfaite connaissance des contreparties (biens reçus et/ou prix payés) à échanger suite aux transactions effectuées. Par ailleurs, les parties engagées ne doivent pas garantir un profit prédéterminé (principe de « gains incertains »). Ainsi, les options et les contrats *futures* ne sont pas acceptés par la *charia*, au même titre que les contrats de change à terme, du fait que les *futures* sur devises sont déterminés par les *spreads* de taux d'intérêt.

- Le système bancaire traditionnel est laïque. Au contraire, dans le système islamique, tous les agents économiques doivent travailler en accord avec le système de valeurs morales de l'islam. Seuls les contrats approuvés par la *charia* sont acceptables. Par exemple, les banques islamiques ne doivent pas financer des sociétés impliquées dans l'industrie porcine, l'alcool les *night clubs*, ou n'importe quelle autre activité prohibée par l'islam ou reconnue pour être nocive à la société.

- Plusieurs versets du Saint Coran encouragent et légitiment le commerce (« *Ahalla Allah al -bay ' wa harama al-riba* »), et la position de l'islam est qu'il ne devrait pas exister d'obstacles au commerce et aux affaires menées de manière honnête. C'est un devoir sacré de gagner sa vie, de protéger sa famille et d'être charitable pour ceux qui sont dans le besoin. Les contrats doivent être respectés ainsi que la parole donnée. Comme l'islam régule et influence tous les autres aspects de la vie, il gouverne également la conduite des affaires et du commerce. Les musulmans doivent mener leurs affaires de manière juste envers les autres. L'islam considère le respect des engagements contractuels et la divulgation et la transparence de l'information comme un devoir sacré. L'objectif est de réduire l'asymétrie d'information et le *moral hasard* (aléa moral) qui génèrent des coûts et des conflits d'intérêt.

- Le principe du « PPP » stipule que les partenaires sont libres de déterminer l'ampleur du ratio de partage des profits indépendamment de leurs contributions au capital, dans un contrat Moudaraba. D'un autre côté, les pertes sont strictement partagées en proportion de la contribution de chaque partie au capital. Des garanties ne peuvent pas être demandées dans les activités « PPP », si le projet s'avère perdant pour cause de risque économique (*business risk*). Par conséquent, si le projet perd de l'argent, la banque islamique est exposée à des pertes financières. Elle est ainsi sujette à un risque asymétrique.

6-Comment la banque islamique gagne-t-elle sa vie ?

La question posée est de savoir comment une banque islamique qui ne peut pas facturer des intérêts peut gagner sa vie et être rentable pour ses actionnaires et ses investisseurs. La réponse est simple : elle utilise des contrats conformes à la *charia* qui interdisent l'intérêt mais encouragent le commerce et l'investissement par le biais de mécanismes de financement alternatifs. Les contrats utilisés par la banque peuvent être divisés en deux groupes : les contrats de vente différée et les contrats de partage des pertes et des profits.

1. Les contrats de vente différée

Les juristes des quatre écoles islamiques valident la conformité de ce premier groupe de contrats de vente immédiate d'un bien avec un prix différé, avec la possibilité de paiements échelonnés, plus élevé que le prix comptant. Le raisonnement sous-jacent cette décision est que le vendeur d'un actif contre un prix différé et échelonné sacrifie un bénéfice afin de rendre l'actif disponible pour l'acheteur. L'augmentation du prix est une compensation pour le sacrifice subi par le vendeur de ne pas disposer de l'argent au moment de la vente pour s'acheter autre chose avec ou simplement avoir le cash. Les juristes valident cette vente aussi longtemps que le contrat est spécifié de manière autonome et ne comprend pas d'ignorance (*jahala*). Il existe quatre types de contrats de vente différée :

- Le contrat Mourabaha.
- Le contrat Salam.
- Le contrat Istisna'.
- Le contrat Ijara.

2. Les contrats de Partage des pertes et des profits

Le second groupe de contrats acceptés par la *charia* est basé sur le principe essentiel de « PPP ». Un contrat « PPP » signifie que le revenu est partagé et ne peut être prédéterminé. Les actionnaires sont remboursés seulement si des bénéfices sont réalisés et si des pertes sont enregistrées, alors aucun paiement ne sera effectué. Il existe deux types de contrats « PPP » qu'une banque islamique peut utiliser :

- Le contrat Moudaraba.
- Le contrat Mousharaka.

Le graphique suivant illustre l'ensemble de ces modes de financement :

Graphique 32 : Les modes de financement de la banque islamique

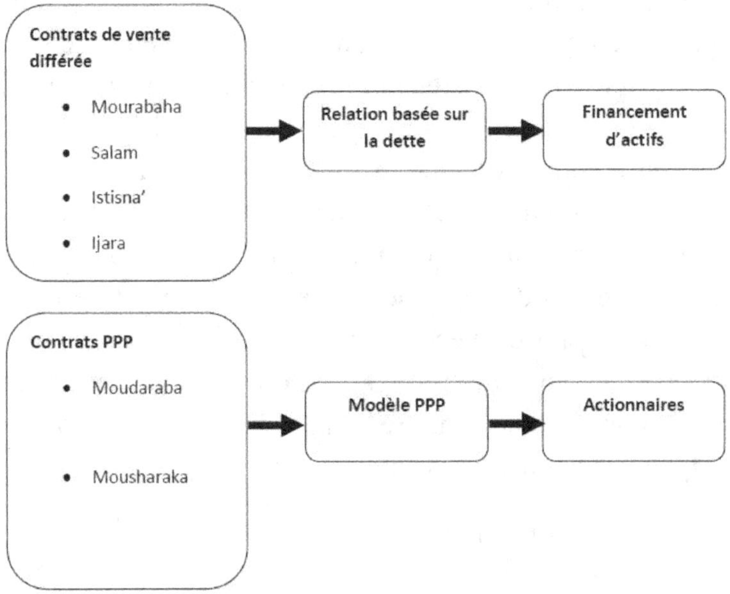

6.1-La banque islamique et le contrat Mourabaha (*cost* plus *financing*)

La Mourabaha est une vente avec un profit connu. L'objet de la vente est livré au moment du contrat mais le prix devient une dette future. Trois conditions sont nécessaires pour rendre ce type de vente valide (Usmani, 1990, 2002) :

1. L'objet de la vente doit exister au moment de sa vente (« ne pas vendre le poisson dans l'eau »).
2. L'objet de la vente doit être possédé par le vendeur (être sa propriété) au moment de sa vente.
3. L'objet de la vente doit être la propriété physique ou en construction du vendeur lorsqu'il le vend à une autre personne.

➢ Les règles de la *charia* relatives à la Mourabaha

Ce qui rend le contrat Mourabaha légitime c'est que la banque islamique achète d'abord le bien pour le revendre avec profit. Une marchandise est vendue contre de la monnaie et l'opération n'est pas un simple échange de monnaie contre de la monnaie. Dans l'opération, la banque islamique assume certains risques entre la date d'achat et la date de vente. Par exemple une baisse soudaine du prix peut amener le client à refuser la marchandise à un prix qui s'avère plus élevé que le prix initialement convenu. La banque est également responsable de la marchandise avant sa livraison en bon état à son client. Ces services apportés par la banque islamique sont différents de ceux d'une banque traditionnelle qui prête simplement de l'argent au client pour qu'il achète la marchandise. Dans le système conventionnel, la monnaie et les marchandises sont traitées de la même façon dans les transactions. Ainsi, les deux peuvent être commercialisées à n'importe quel prix sur lequel les parties engagées sont d'accord. On peut vendre un euro pour deux euros au comptant comme à terme, comme on peut vendre une marchandise valant un euro pour deux euros. La seule condition est l'accord mutuel. Les principes économiques islamiques ne souscrivent pas à cette forme de fonctionnement. Selon ces principes, la monnaie et les marchandises n'ont pas les mêmes caractéristiques et doivent être traitées différemment. Charger de l'intérêt pour la valeur temps de l'argent est considéré comme du *riba* et n'est pas acceptable par la *charia* (Usmani, 1990). Lorsque la monnaie est échangée contre de la monnaie au comptant ou à terme, aucun excès n'est admis par la *charia*. Mais des transactions sur des marchandises à terme peuvent impliquer un excès. En effet, si une marchandise est vendue contre de l'argent, le prix convenu pour la transaction au comptant ou à terme peut être supérieur au prix du marché. La durée de paiement peut agir comme facteur complémentaire de détermination du prix de la marchandise mais pas comme une base exclusive pour cela. Cette position est acceptée par les quatre écoles de pensée islamique. Le point de vue unanime est que si le vendeur d'une marchandise détermine deux prix, l'un pour la vente au comptant, l'autre pour la vente à terme, ce dernier peut être supérieur au prix au comptant et c'est accepté par la *charia*.

Les deux graphiques ci-dessous illustrent le mécanisme de fonctionnement d'une banque conventionnelle basé sur le modèle de l'intérêt, en comparaison avec le financement Mourabaha utilisé par la banque islamique :

Graphique 33 : Finance basée sur l'intérêt

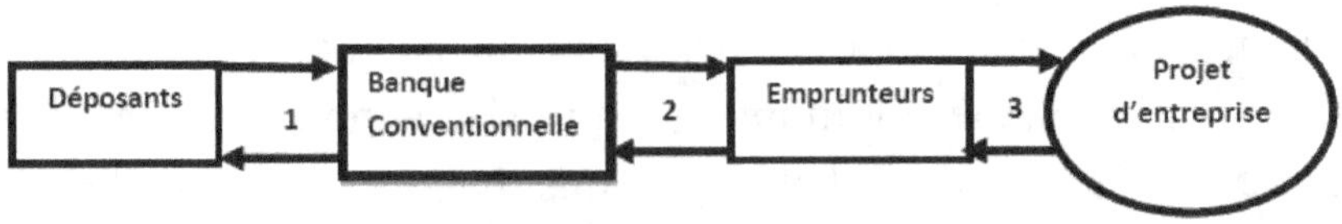

- Opération 1 : Les déposants placent des fonds dans la banque ; la banque paye aux déposants le taux d'intérêt convenu et garde le reste.

- Opération 2 : La banque prête de l'argent aux emprunteurs avec un collatéral en contrepartie (garantie) ; les emprunteurs payent à la banque le taux d'intérêt convenu et gardent pour eux les éventuels profits.

- Opération 3 : Les emprunteurs investissent le capital dans un projet pour générer des profits ; 100 % des profits sont reçus par les emprunteurs.

Graphique 34 : Finance basée sur la Mourabaha

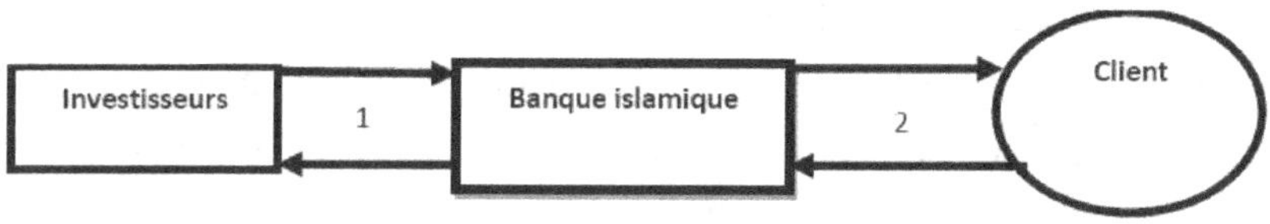

- Opération 1 : Les investisseurs partagent les risques et les rendements du projet d'entreprise ; une marge bénéficiaire (*mark-up*) appliquée au projet est payée aux déposants et non pas un taux d'intérêt.

- Opération 2 : La banque islamique achète la marchandise à la demande du client ; la banque islamique vend la marchandise au coût d'achat plus une marge (*mark-up*).

6.2-La banque islamique et le contrat Ijara

L'Ijara (*leasing*) est un contrat entre un bailleur et un locataire pour l'usage d'un actif donné. La Banque Islamique de Développement définit l'Ijara comme suit : « *c'est un mode de financement à moyen terme qui implique l'achat et par la suite le transfert du droit de jouissance d'un équipement ou d'une machine au bénéficiaire pour une période de temps donnée* ».

Sous le mode de financement Ijara, la banque islamique achète un équipement par exemple et le loue à ses clients qui peuvent opter pour l'achat du bien éventuellement (*Ijara Montahiya Bit-Tamleek*). Dans ce dernier cas, les paiements mensuels sont composés de deux parties. Il y a d'abord les loyers pour l'usage de l'équipement et ensuite des versements périodiques relatifs au prix d'achat. Le montant original de la location doit être fixé à l'avance. Cependant, un *benchmark* (un taux de référence) par rapport au LIBOR est permis.

La *charia* permet d'ajouter une charge fixe appliquée à des actifs tangibles par opposition aux actifs financiers, car, en convertissant un capital financier en actifs tangibles, la banque islamique assume des risques pour lesquels une compensation est permise. Ceci est un des éléments clés qui rendent une transaction acceptable aux yeux de la *charia*. Sous ce mode de financement, la banque islamique supporte le risque d'une récession économique ou d'une baisse de la demande pour les actifs acquis. En conservant la propriété des actifs, elle assume également le risque d'obsolescence. La location de l'équipement est souvent utilisée de manière transitoire, et le bailleur est également responsable de la maintenance de l'équipement. Cet aspect du risque est un facteur important pour rendre l'Ijara acceptable par la *charia*.

➢ Les règles de la *charia* concernant le contrat Ijara :

1. L'Ijara est un contrat par lequel le propriétaire d'un bien transfère son usufruit à une autre personne pour une période connue et pour un coût donné.

2. L'objet de la location doit avoir un usage utile. Ainsi, les biens qui n'ont pas d'usufruit ne peuvent pas être loués.

3. Pour que le contrat soit valide, il est nécessaire que la propriété du bien loué reste celle du vendeur et seul que son usufruit soit transféré au locataire. Une chose qui ne peut être utilisée sans

être consommée ne peut être louée. Par conséquent on ne peut pas louer de la monnaie, de la nourriture ou du fuel par exemple, car leur utilisation n'est possible que s'ils sont physiquement consommés.

4. Si quelque chose de cette nature (du point 3) est loué, cette opération sera considérée comme un prêt et toutes les règles concernant le prêt doivent s'appliquer en conséquence. N'importe quel loyer facturé à cette location invalide sera jugé comme étant de l'intérêt facturé à un prêt (*riba*).

5. Comme la propriété de l'actif loué reste celle du bailleur, toutes les responsabilités liées à la propriété doivent être assumées par ce dernier. Cependant, les responsabilités relevant de l'utilisation directe de la propriété incombent au locataire.

6. La période de la location doit être clairement déterminée.

7. Le locataire ne peut pas utiliser l'actif loué en dehors de ce qui a été convenu dans le contrat Ijara. Tout usage qui s'écarte de l'accord préalable doit avoir le consentement du bailleur.

8. Le locataire doit compenser le bailleur pour n'importe quel dommage subi par l'actif loué et dû à un mauvais usage ou à une négligence de sa part.

9. Les risques associés à l'actif loué sont assumés par le bailleur tout au long de la période de location, dans la mesure où des nuisances ou la perte de l'actif pour des raisons qui échappent au contrôle du locataire doivent être assumées par le bailleur.

10. Un actif possédé par deux ou plusieurs personnes peut être loué et le loyer doit être réparti entre tous les propriétaires en proportion de leurs parts respectives dans la propriété de l'actif.

11. Un copropriétaire peut louer sa part à un autre copropriétaire seulement, et à aucune autre personne.

12. Il est nécessaire pour la validité du contrat que l'actif loué soit totalement identifié par les parties.

13. Le loyer doit être déterminé au moment du contrat pour la période totale de la location. Cependant, suivre un taux de référence qui sert de *benchmark*, tel que le LIBOR est permis.

14. La détermination du loyer sur la base du coût total d'achat de l'actif par le bailleur est acceptée par la *charia* si les deux parties sont d'accord.

15. Le bailleur ne peut pas augmenter le loyer de manière unilatérale, et tout accord dans ce sens est nul.

16. Le loyer peut être payable à l'avance avant la livraison de l'actif au locataire, mais le montant ainsi collecté par le bailleur est un acompte et doit être ajusté au loyer une fois qu'il est dû.

17. La période de location débute à la date à laquelle l'actif loué est livré au locataire, avec ou sans utilisation par ce dernier.

18. Si l'actif a totalement perdu la fonction pour laquelle il a été loué et si aucune réparation n'est possible, la location doit s'arrêter le jour où le dommage a été causé. Cependant, si la perte est due à un mauvais usage ou à une négligence de la part du locataire, ce dernier doit verser une compensation au bailleur.

Le graphique suivant présente le processus d'un contrat Ijara en comparaison avec le contrat basé sur l'intérêt (voir graphique 33) :

Graphique 35 : Finance basée sur l'Ijara

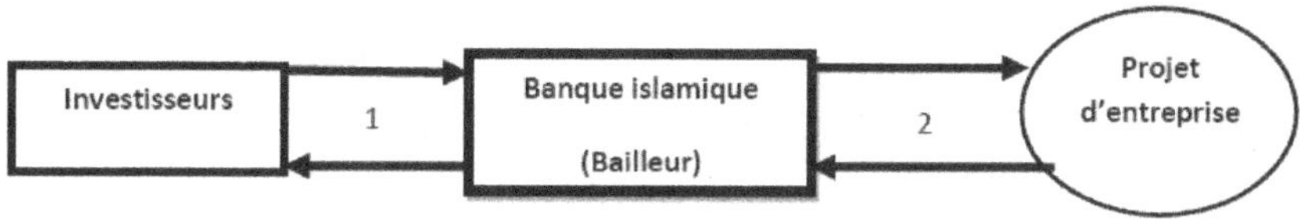

- Opération 1 : Les investisseurs partagent les risques et les rendements du projet d'entreprise ; les investisseurs reçoivent un rendement locatif et non pas un taux d'intérêt.
- Opération 2 : La banque islamique (comme bailleur) achète des actifs et les loue au locateur ; la banque islamique reçoit des loyers (redevances) source de rendement pour elle, au lieu d'un taux d'intérêt.

6.3-La banque islamique et le contrat Istisna'

Le mot Istisna' dérive de *sina'a* qui veut dire fabrication d'un bien donné. C'est un accord par lequel un client ayant besoin d'un équipement, d'un immeuble ou d'un projet, qui doit être construit ou assemblé, approche une banque islamique pour son financement. La banque s'engage à fournir l'article en question construit ou assemblé et à le vendre à son client avec une marge. L'acheteur peut payer le prix plus tard, soit en une seule fois soit par versements périodiques.

Ainsi, l'Istisna' est un contrat par lequel une partie paie pour des marchandises à construire ou à fabriquer. En règle générale, l'utilisateur ultime versera des sommes périodiquement en fonction du progrès de la construction ou de la fabrication. En théorie, le contrat peut être rédigé entre l'utilisateur et le fabricant mais typiquement c'est un contrat à trois, où la banque agit comme intermédiaire. Ceci est réalisé en utilisant une structure appelée Istisna' parallèle qui implique deux contrats Istisna'. Sous le premier contrat, la banque islamique donne son accord pour permettre au client de rembourser sur la base d'un programme à long terme, tandis que dans le second contrat, dans un rôle d'acheteur, elle effectue des versements périodiques au fabricant sur une période de court terme. Normalement, elle réalise des profits en ajoutant une marge (*mark-up*). Ainsi, sa compensation est le différentiel de la valeur des paiements des deux contrats.

Le contrat Istisna' ne bénéficie pas de soutien direct de la part des sources majeures de la loi islamique. Pour la majorité des écoles, le contrat est considéré comme incompatible avec la *charia*. Seule l'école hanafite l'accepte en considérant le besoin de la société et les pratiques de consommation (*urf*). Malgré ce manque de soutien juridique pour l'Istisna', il reste largement utilisé comme mode de financement parmi les banques islamiques. Pour la conformité avec la *charia*, les pro-Istisna' considèrent que le contrat sous-jacent n'est pas obligatoire pour les parties contractantes jusqu'à ce que la construction soit achevée et approuvée par l'acheteur ou jusqu'à ce que les biens soient produits et acceptés par l'acheteur final.

➢ Les règles de la *charia* relatives au contrat Istisna'

Le point essentiel est que l'accord Istisna' n'est pas un contrat de construction, même si quelques éléments qu'il contient en sont proches. C'est un sous-ensemble des contrats de vente conformes à la *charia*. Les règles de la *charia* concernant l'Istisna' sont les suivantes :

1. L'Istisna' est un mode exceptionnel de vente à un prix prédéterminé par lequel l'acheteur demande à un fabricant d'assembler ou de construire un actif quelconque à livrer à une date future.

2. L'actif doit être connu et bien spécifié (*mawsouf al-dhimma*) quant à sa nature, son type, sa qualité et sa quantité afin d'écarter toute ambiguïté (*gharar*).

3. Le prix de l'actif à fabriquer doit être fixé en termes clairs et définitifs. Ce prix peut être réglé en une fois ou en plusieurs versements selon l'accord conclu entre les parties.

4. La mise à disposition du matériel nécessaire à la fabrication ou à l'assemblage de l'actif n'est pas de la responsabilité de l'acheteur.

5. Si l'actif fabriqué est conforme à la spécification acceptée par les deux parties, le donneur d'ordre (l'acheteur) ne peut pas le refuser sauf s'il existe un défaut de fabrication. Cependant, l'accord peut stipuler que si la livraison n'est pas effectuée dans le temps imparti, alors l'acheteur peut refuser l'actif.

6. La banque islamique (l'acheteur de l'Istisna') peut entrer dans un Istisna' parallèle sans aucune relation avec le contrat Istisna' original. Dans un des contrats la banque sera l'acheteur et dans le second elle sera le vendeur. Les deux contrats doivent être indépendants. Les droits et les obligations du contrat initial n'ont aucun lien avec ceux du contrat parallèle.

7. L'acheteur engagé dans une opération d'Istisna' ne doit pas, avant d'avoir pris possession (actuelle ou en construction) de l'actif, le vendre ou en transférer la propriété à une autre personne.

8. Si le vendeur ne réussit pas à livrer le bien durant la période stipulée, le prix du bien peut être réduit par un montant spécifique par jour suivant l'accord des parties.

9. L'accord peut prévoir le paiement de pénalités calculées selon un taux convenu en pourcentage par jour ou par an. Ces

pénalités doivent être données à la charité. La banque peut vendre les garanties apportées sans jugement de justice.

10. En cas de défaut du client, la banque peut faire appel à la justice compétente pour le paiement de dommages, à la discrétion de la cour. Ces dommages sont déterminés sur les bases des coûts directs et indirects subis et ne doivent pas être liés à la valeur temps de l'argent.

Le graphique suivant présente le processus d'un contrat Istisna', en comparaison avec le contrat basé sur l'intérêt (voir graphique 33) :

Graphique 36 : Finance basée sur l'Istisna' :

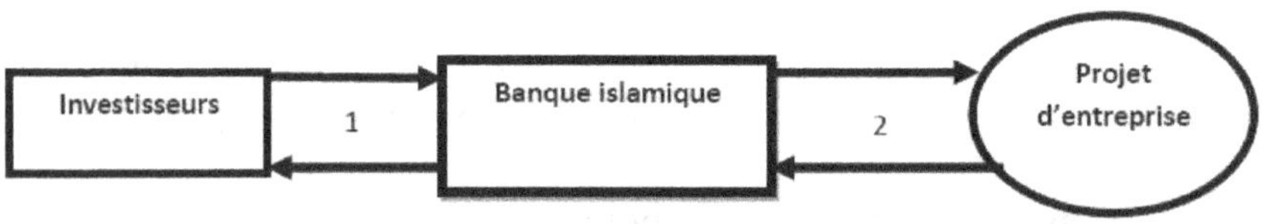

- Opération 1 : Les investisseurs partagent les risques et les rendements du projet d'entreprise ; les investisseurs reçoivent une marge générée par le projet et non pas un taux d'intérêt.
- Opération 2 : La banque islamique achète des actifs et les vend au dernier propriétaire du projet ; elle reçoit une marge générée par le projet et non pas un taux d'intérêt.

6.4-La banque islamique et le contrat Salam

Le contrat Salam est une vente par laquelle le vendeur fournit un bien spécifique à un acheteur à une date future, en échange d'un prix entièrement payé à l'avance. Ici, le prix reçu est sous forme de cash, mais la livraison du bien est différée. L'acheteur est appelé *musalam ileihi* en arabe, et le vendeur est appelé *musalem*, le prix *cash* est le *ras al-mal* et la marchandise est la *musalem fihi*. Le Salam implique la vente de quelque chose qui n'existe pas encore et ne devrait pas être conforme à la *charia*. Mais il a été permis par le Prophète Mohamed SAAWS sous certaines conditions. À la base, le contrat avait pour objectif de satisfaire le besoin de petits fermiers à la recherche de moyens financiers pour accroître leurs cultures (et notamment les dattes) et leur permettre de subvenir aux besoins de leurs familles en attendant la récolte. Comme le crédit est interdit (*riba*), on leur a permis de vendre des produits agricoles à l'avance selon un contrat de vente à terme (*forward sale*).

Les règles appliquées au contrat Salam sont les suivantes :

- Le prix doit être payé totalement au moment du contrat.
- Les biens dont la qualité et la quantité ne peuvent pas être spécifiées de manière précise ne peuvent pas faire l'objet d'un contrat Salam. Tel est le cas des pierres précieuses par exemple.
- Les biens peuvent être vendus en spécifiant les attributs qu'ils possèdent. Dans le cas de biens agricoles, ils ne doivent pas être ceux d'une ferme particulière, une terre donnée ou un arbre désigné.
- La date exacte et le lieu de la livraison doivent être spécifiés.

Une banque islamique peut financer des activités par le biais du contrat Salam en entrant dans deux contrats Salam séparés. Par exemple, la banque peut acheter une marchandise en effectuant un paiement avance au fournisseur et fixer la date de livraison à celle souhaitée par son client. Elle peut alors vendre la marchandise à une tierce partie si les deux sont des contrats Salam. Le second contrat a pour objet la livraison de la même quantité et de la même chose que celles qui figurent dans le premier contrat Salam. Le second contrat doit être conclu après le premier contrat, et son prix doit être payé immédiatement à la conclusion du contrat. Pour être conforme à la *charia*, le second contrat doit être indépendant et non lié à la livraison relative au premier contrat.

➢ Les règles de la *charia* relatives au contrat Salam :

Comme énoncé plus haut, une des conditions de base pour la validité d'une vente dans la *charia* est que la marchandise (prévue à la vente) soit en possession physique ou constructive de la part du vendeur. En effet, trois points sont à souligner :

- La marchandise doit exister. Cela signifie qu'une marchandise qui n'existe pas au moment de la vente ne peut pas être vendue.
- Le vendeur doit être le propriétaire de la marchandise. Cela signifie que si la marchandise existe mais que le vendeur ne la possède pas, il ne peut la vendre à personne.
- La simple possession ne suffit pas. Le vendeur doit posséder la marchandise soit physiquement soit de manière constructive. Si le vendeur possède une marchandise, mais n'en a pas pris livraison par lui-même ou à travers un agent, il ne peut pas la vendre.

Il existe deux exceptions à ce principe général dans la *charia* : le Salam et l'Istisna'. Les deux sont des contrats de vente de nature spéciale. Le Salam est avantageux pour le vendeur car il reçoit le prix en avance. L'autorisation du Salam est une exception à la règle générale qui interdit la vente à terme, et en conséquence, il a été soumis à des conditions strictes. Comme pour les autres contrats, Usmani (1999) a exposé les règles de la *charia* relatives au Salam (paiement au comptant contre livraison à terme) :

1. Le Salam signifie un type de vente par lequel un vendeur entreprend de fournir un bien spécifique à un acheteur à une

date future en contrepartie d'un prix payé totalement à l'avance au moment de la signature du contrat de vente.

2. L'acheteur paye le prix en totalité au vendeur au moment de la vente, sinon la transaction serait équivalente à une vente de dette contre dette, ce qui est interdit par la *charia*.

3. Les caractéristiques de la marchandise (qualité et quantité) doivent être déterminées afin d'éviter toute ambiguïté qui peut générer des conflits (*gharar*).

4. La date et le lieu de la livraison doivent être convenus d'un commun accord, mais peuvent changer avec le consentement mutuel des deux parties.

5. Les marchandises acceptables dans un contrat Salam doivent être homogènes en termes de caractéristiques. Par contre, celles qui sont échangées en unités, en mesures ou en poids ne peuvent pas faire l'objet d'un contrat Salam. Par exemple, les métaux précieux ou les animaux ne peuvent pas être vendus par le biais d'un contrat Salam, car chaque pierre précieuse est unique et chaque animal est différent de tous les autres.

6. Il est nécessaire que la marchandise objet de la vente Salam soit « normalement » livrable (cela signifie que la livraison doit être possible physiquement et non pas incertaine ou aléatoire).

7. Le Salam est un contrat valide lorsqu'il s'agit de biens à livrer immédiatement, comme par exemple l'échange de l'or contre de l'argent, ou du blé contre de l'orge, mais, selon la *charia*, la livraison des deux doit être simultanée (« *Al-yadd fil-yadd walfawriya fi tabadol* » qui signifie « main dans la main et échange immédiat »).

8. Le Salam ne doit pas être lié à la production d'une ferme, à une terre ou à un arbre en particulier.

9. Dans une transaction Salam, l'acheteur ne peut pas obliger par contrat le vendeur à racheter la marchandise qu'il lui a livrée. Cependant, après la livraison effective, les deux parties peuvent entrer dans une transaction de vente, de manière indépendante et de plein gré.

10. Dans les transactions Salam, l'acheteur ne doit pas, avant d'avoir pris possession de la marchandise (présente ou en construction), vendre ou transférer la propriété de la marchandise à quiconque.

11. La banque islamique (l'acheteur dans le Salam) peut entrer dans un Salam parallèle sans aucune condition ni lien avec le contrat Salam original. Dans un contrat, la banque sera l'acheteur, dans le second, elle sera le vendeur. Les deux contrats doivent être indépendants.

12. Afin de s'assurer que le vendeur livre la marchandise à la date convenue, la banque islamique peut lui demander des garanties.

13. Dans le cas de plusieurs marchandises, la quantité et la période de livraison de chacune d'entre elles doivent être fixées séparément.

14. Une pénalité peut être prévue au début du contrat Salam en cas de retard de livraison de la marchandise par le client ou le vendeur. Dans ce cas, le client doit payer une pénalité calculée à un taux convenu en pourcentage journalier ou annuel. Cependant, cette pénalité doit être donnée à la charité. La banque peut également faire appel à la justice pour des dommages accordés à la discrétion de la cour, sur la base des coûts directs et indirects subis, autre que la valeur temps de l'argent ou le coût d'opportunité. Par ailleurs, la banque islamique (comme acheteur) a le droit de vendre le collatéral donné en garantie sans l'intervention de la justice.

Le graphique suivant présente le processus d'un contrat Salam en comparaison avec le contrat basé sur l'intérêt (voir graphique 33) :

Graphique 37 : Finance basée sur le Salam

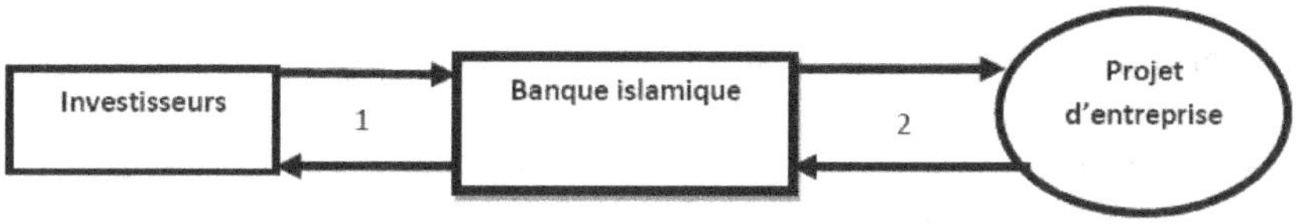

- Opération 1 : Les investisseurs partagent les risques et les rendements du projet d'entreprise ; ils reçoivent une marge (*mark-up*) générée par le projet et non pas un taux d'intérêt.
- Opération 2 : La banque islamique achète des actifs au comptant au vendeur ; elle les revend avec une marge.

6.5-La banque islamique et le contrat Moudaraba

Le contrat Moudaraba est un contrat PPP entre deux parties : une banque islamique agit comme investisseur (*rab al-mal*) qui fournit des ressources financières à un entrepreneur (*moudarib*) pour financer un certain projet. Les bénéfices sont partagés entre les deux parties dans des proportions convenues à l'avance. Les pertes sont assumées par la banque islamique et le *moudarib* perd seulement ses efforts et sa part attendue des profits. Le contrat Moudaraba est plutôt proche d'un contrat de partage de profits (*Profit sharing contract*). On distingue deux types de Moudaraba :

✓ La Moudaraba restreinte (Moudaraba *moukayada*) : dans ce schéma, le *rab al-mal* peut choisir le type ou le lieu du projet dans lequel le capital sera investi. Le I doit respecter ce choix.

✓La Moudaraba non restreinte (*Moudaraba motlaqa*) : de ce schéma, le *rab al-mal* donne une totale liberté au Moudarib d'entreprendre n'importe quel projet. Cependant, ce dernier ne peut pas investir l'argent où il veut sans le consentement du *rab al-mal*.

Les conditions suivantes sont associées au contrat Moudaraba :

- La banque islamique reçoit les fonds de ses clients sur la base de la Moudaraba non restreinte. Il n'y a pas de contraintes imposées à la banque concernant le type d'activité, la durée, le lieu du projet où elle peut investir le capital. Cependant, le contrat Moudaraba ne peut pas être utilisé pour financer des activités *haram* interdites par l'islam. Un tel contrat serait considéré comme nul.

- La banque a le droit de rassembler les bénéfices issus de différents projet, et de partager le profit net (après déduction des coûts administratifs, et des taxes) avec les déposants selon une formule spécifiée à l'avance. Dans le cas de pertes, les déposants perdent tout ou partie de leurs fonds.

- La banque peut appliquer la Mourabaha restreinte lorsque les fonds sont apportés à un entrepreneur à la recherche de capitaux. Elle a le droit de déterminer le type d'activité, la durée et le lieu des projets et de suivre (*monitoring*) les investissements. Mais ces restrictions ne doivent pas être telles, qu'elles nuisent à la performance de l'entrepreneur. Lorsque le projet est commencé, elle ne peut pas interférer et prendre part à sa gestion quotidienne. Par ailleurs, les covenants (ratios de sécurité) liés aux prêts et autres contraintes utilisées souvent dans les crédits accordés par la banque traditionnelle ne sont pas permis dans le système bancaire islamique basé sur le modèle « PPP ».

- Sous la Moudaraba, le *rab al-mal* ne peut pas demander de garantie de la part du *moudarib*, comme par exemple exiger un rendement fixe, du fait que la relation entre l'investisseur et le *moudarib* est une relation de fiducie (*trust*). Le *moudarib* est supposé être une personne de confiance. En conséquence, la banque islamique ne peut demander aucune garantie telle qu'une caution ou un nantissement de la part de l'entrepreneur afin de s'assurer contre une éventuelle perte en capital. Sinon le contrat sera jugé nul. Cependant, il est possible de recourir à une garantie apportée par une tierce partie indépendante.

- Le contrat Moudaraba doit affecter un taux de profit pour chaque partie. Ce taux doit être un ratio (par exemple 60 % / 40 %) et non pas un montant fixe. En effet, affecter un montant fixe à une partie invalide la Moudaraba du fait de la possibilité que le bénéfice final puisse être différent de la somme stipulée. Avant d'atteindre le bénéfice, les actifs du projet doivent être convertis en monnaie et le capital doit être récupéré. Le *moudarib* a le droit de déduire les dépenses liées au projet du capital Moudaraba.

- La responsabilité du financier est limitée exclusivement au capital apporté. Elle de l'entrepreneur est également limitée, mais dans ce cas seulement à ses efforts et son travail. Néanmoins, si une négligence ou une mauvaise gestion ont été prouvées, l'entrepreneur peut être responsable des pertes financières et doit alors rémunérer le financier en conséquence.

- L'entrepreneur partage les profits avec la banque selon un ratio défini en amont. En attendant que le projet génère un rendement, la banque peut verser un salaire (de marché) à l'entrepreneur.

➢ Les règles de la *charia* pour la Moudaraba :

1. Le capital Moudaraba doit être spécifié et connu au début du contrat. L'incertitude sur le montant du capital qui doit être remboursé mène nécessairement à l'incertitude quant au montant du profit.

2. Le capital doit être en devise reconnue. Cependant, cela peut être une marchandise à condition qu'elle soit valorisée au début du contrat. La valeur de la marchandise devient alors le capital Moudaraba.

3. Le capital Moudaraba ne peut pas être une dette auprès du *moudarib*. Celui-ci est un fiduciaire (*trustee*).

4. Il est permis au *moudarib* de mélanger son propre capital avec le capital Moudaraba. Dans ce cas il devient un partenaire et peut disposer du capital comme *moudarib*.

5. Le capital Moudaraba doit être versé au *moudarib*, car sinon cela lui impose des contraintes et limite sa liberté d'entreprendre. Cependant, certains juristes permettent au financier de verser le capital de manière graduelle selon les besoins du Moudarib.

6. Si deux ou plusieurs banques islamiques sont impliquées, les profits sont partagés proportionnellement au capital apporté par chacune d'entre elles.

7. Il est permis d'imposer des restrictions au *moudarib* si elles sont bénéfiques et ne l'empêchent pas d'atteindre le rendement requis.

8. Il est permis au *moudarib* de recruter un assistant.

9. Sauf autorisation du propriétaire du capital, le *moudarib* ne peut ni prêter, ni faire une donation du capital Moudaraba. De plus, il ne peut pas acheter pour le compte de la Moudaraba pour plus que son capital, ni nouer un partenariat avec d'autres avec le capital Moudaraba.

10. Aucune garantie ne doit être demandée dans la Moudaraba sauf en cas de négligence ou de mauvaise conduite, parce que le *moudarib* est un garant de ce qui est sous son contrôle. Le capital est considéré comme un dépôt. Il est permis de prendre une garantie ou une hypothèque sur le *moudarib* pour garantir le paiement en cas de négligence, malveillance ou violation des conditions de la Moudaraba. Mais il n'est pas permis de prendre cela pour une garantie sur le capital ou le profit, car il n'est pas permis au Moudarib de les garantir.

11. Le profit doit être spécifié car il est l'objet du contrat, et s'il est inconnu cela annule le contrat. Les parties contractantes doivent stipuler dans le contrat le partage des profits en pourcentage. Il n'est pas permis de stipuler un montant forfaitaire.

12. Le profit de la Mourabaha est distribué selon l'accord des parties contractantes, qui peuvent spécifier un certain ratio à partir du moment où elles sont consentantes. C'est le financier qui assume seul les pertes financières éventuelles le *moudarib* n'en assume aucune, car une perte est une dépréciation du capital et le capital est la propriété du financier.

13. Le *moudarib* collecte sa part des profits uniquement quand le finance lui a permis et seulement après la récupération du capital par ce dernier, car la *charia* considère que le « profit est une protection du capital ».

14. La Moudaraba est terminée si une des deux parties l'annule, du fait qu'elle est optionnelle et n'est pas un contrat obligatoire. Cependant, certains juristes défendent le point de vue selon lequel le *moudarib* est obligé et ne peut pas annuler le contrat s'il a commencé le travail.

Le graphique suivant présente le processus d'un contrat Moudaraba en comparaison avec le contrat basé sur l'intérêt (voir graphique 33) :

Graphique 38 : Finance basée sur la Moudaraba

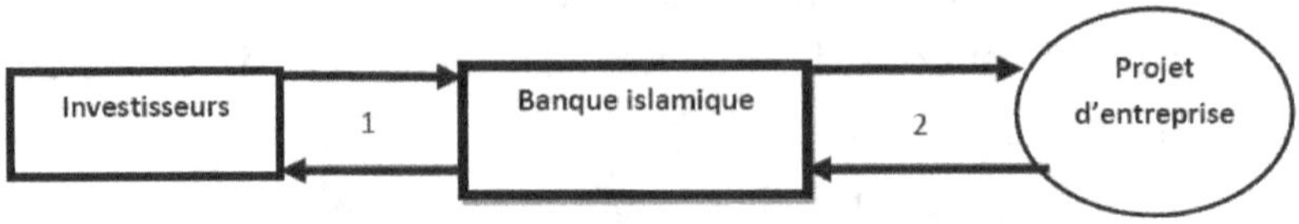

- Opération 1 : Les investisseurs partagent les risques et les rendements du projet d'entreprise ; ils reçoivent une part des profits du projet et non pas un taux d'intérêt.
- Opération 2 : La banque islamique apporte le capital, le *moudarib* apporte son travail ; elle reçoit une part des profits du projet et non pas un taux d'intérêt. Elle assume toutes les pertes financières éventuelles.

6.6-La banque islamique et le contrat Mousharaka

La Mousharaka est une forme de partenariat par lequel deux ou plusieurs personnes combinent ensemble soit le capital soit le travail, pour partager les profits, en ayant les mêmes droits et obligations. Elle peut prendre la forme de Moufawada, qui signifie un partenariat égal, illimité et non restreint, dans lequel les partenaires jouissent d'une complète égalité eu égard au capital, à la gestion et aux profits. Chaque partenaire est à la fois agent et garant pour l'autre. Une forme plus limitée de partenariat est connue sous le nom de 'Inan Mousharaka *(shirkah al-inan)*. Sous ce modèle, deux ou plusieurs parties contribuent au capital, soit en argent soit en travail. Chaque partie est seulement agent sans être garant pour l'autre. Cette forme est la plus répandue. Pour les deux versions de la Mousharaka, les deux parties partagent les profits selon l'accord conclu et supportent les pertes en proportion de leurs contributions au capital. Le contrat Mousharaka est ainsi un contrat de partage des pertes et des profits.

En tant que mode de financement islamique, la Mousharaka est un partenariat entre une banque islamique et ses clients, dans lequel chacun contribue au capital et au travail dans des proportions identiques ou différentes, pour établir un nouveau projet ou se partager un projet existant. Chaque partie devient propriétaire du capital de manière permanente ou sur une base décroissante et a droit à sa part de profit. On distingue :

- La Mousharaka constante, où les parts dans le capital des partenaires restent constantes tout au long de la Mousharaka, et ce, tel que spécifié dans le contrat.

- La Mousharaka dégressive dans laquelle la banque islamique transfère graduellement à son partenaire ses parts dans la Mousharaka, de manière à ce que la part de la banque décline et que celle du partenaire augmente jusqu'à ce qu'il devienne entièrement propriétaire du projet.

Les principes de base relatifs au contrat Mousharaka sont les suivants :

- Le financement par le biais de la Mousharaka n'implique jamais un prêt de capital ; au contraire il signifie une participation active dans le business financé.

- L'investisseur ou le financier doit partager les profits et les pertes du projet, à la limite de son engagement financier.

- Les partenaires sont libres de déterminer le ratio du profit alloué à chacun d'entre eux. Ce ratio peut être différent du ratio du capital investi. Cependant, le partenaire qui s'exclut de la gestion courante du projet ne peut pas demander plus que le ratio de son capital investi.

- La perte subie par chaque partenaire doit être exactement proportionnelle à sa contribution au capital.

➢ Les règles de la *charia* relatives à la Mousharaka :

1. Le capital de la société doit être spécifié, existant et immédiatement disponible. Il est interdit d'établir une société avec un capital inexistant ou une dette.

2. Avec l'accord des parties, il n'est pas nécessaire que les partenaires aient des parts égales.

3. Le capital de la société doit être composé d'argent et d'actifs tangibles.

4. Il est interdit d'imposer des conditions empêchant un des partenaires de travailler, car chaque partenaire donne implicitement aux autres le pouvoir de disposer et de travailler avec lui. Il est permis à un partenaire de travailler seul avec un mandat des autres partenaires.

5. Un partenaire est un garant (*trustee*) des capitaux reçus de la société et il apporte des garanties seulement dans le cas de négligence ou de mauvaise conduite. Il est permis de prendre une hypothèque ou une garantie contre ce comportement indésirable mais aucune garantie sur le capital ou le profit ne peut être exigée.

6. Il est obligatoire que le profit de chaque partenaire soit connu afin d'éviter l'incertitude. Il doit être un ratio au prorata pour tous les partenaires et ne doit pas être un montant forfaitaire, car cela va à l'encontre des exigences de la *charia* concernant le partenariat.

7. En principe, les profits doivent être répartis parmi les partenaires proportionnellement à leurs parts dans le capital, mais certains *scholars* permettent une variation dans les parts des profits si c'est décidé avec l'accord de tous. Un des partenaires peut

avoir plus de compétence que d'autres et un partage des profits variable peut s'avérer alors nécessaire.

8. Chaque partenaire supporte les pertes proportionnellement à son ratio de capital investi dans la société et des conditions contraires ne sont pas a.

9. En principe, le partenariat n'est pas un contrat obligatoire. Il est donc possible pour n'importe quel partenaire de l'annuler quand il le souhaite, à condition que les autres partenaires en soient informés. Annuler le contrat à l'insu des autres partenaires nuit à leurs intérêts. Certains juristes considèrent le contrat comme une obligation jusqu'au remboursement du capital ou jusqu'à l'accomplissement du projet tel qu'il a été convenu à son démarrage.

Le graphique suivant présente le processus d'un contrat Mousharaka en comparaison avec le contrat basé sur l'intérêt (voir graphique 33)

Graphique 39 : Finance basée sur la Mousharaka

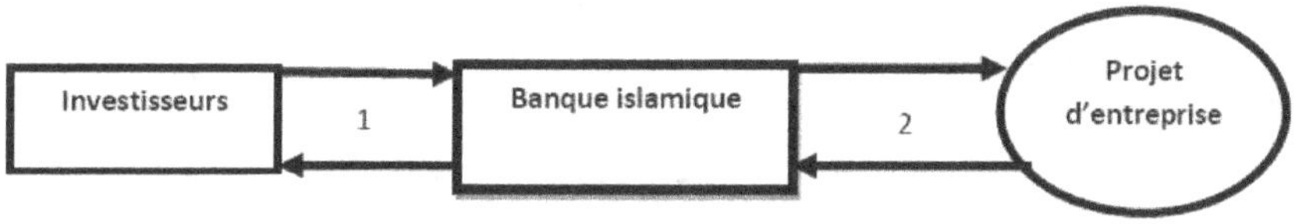

- Opération 1 : Les investisseurs partagent les risques et les rendements du projet d'entreprise ; ils reçoivent une part des profits du projet et non pas un taux d'intérêt.

- Opération 2 : La banque islamique achète des parts dans le projet d'entreprise ; elle reçoit une part des profits provenant du projet au lieu d'un taux d'intérêt. Les pertes éventuelles sont partagées par tous les partenaires en proportion de leur contribution au capital.

B-L'assurance *takaful* (Assurance islamique)

1-Le principe du *takaful*

L'assurance islamique (*takaful*, de l'arabe *kafala* qui veut dire « se garantir l'un l'autre ») est gérée selon les contrats Moudaraba et/ou Wakala suivant le mode de rémunération de l'opérateur Takaful. Elle est basée sur la coopération mutuelle et le don. Comme dans une mutuelle d'assurance, les risques sont mutualisés et les pertes éventuelles réparties sur l'ensemble des assurés. À la différence de l'assurance classique, les cotisants de l'assurance Takaful sont à la fois les assureurs (en tant que propriétaires des fonds gérés par l'opérateur) et les assurés (en tant que bénéficiaires en cas de sinistres).

Comme le montre le graphique ci-dessous, les souscripteurs apportent les capitaux nécessaires à la couverture des éventuels sinistres. En fin d'exercice comptable, deux cas de figures sont possibles :

- Soit le fonds Takaful dégage des bénéfices et les souscripteurs reçoivent alors des dividendes selon un taux de distribution arrêté par le Conseil d'Administration ;
- Soit le fonds enregistre des pertes et les souscripteurs s'engagent alors à le recapitaliser.

Ainsi, l'opérateur Takaful est un gestionnaire mandaté et se rémunère par le biais de commissions ou frais de gestion. Aucun bénéfice n'est spécifié à l'avance pour éviter le *gharar* (incertitude liée aux contrats d'assurance classique). Par ailleurs, l'opérateur Takaful doit investir les capitaux confiés dans des produits conformes à la *charia*.

Graphique 40 : Principe de l'assurance Takaful

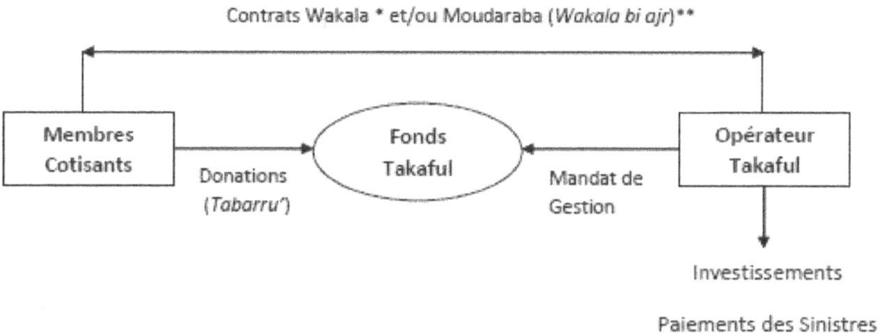

Avec :

*Contrat Wakala : commissions en pourcentage des primes (frais de gestion de l'opérateur Takaful fixés en amont chaque année) ;

**Contrat Moudaraba (ou Wakala bi ajr/ Wakala rémunérée) : pourcentages des bénéfices répartis entre les souscripteurs du fonds et l'opérateur Takaful, après déduction de toutes les charges techniques, des frais généraux et des autres frais de gestion.

2-Le Takaful : quelques faits statistiques

L'assurance islamique est en pleine progression notamment dans les trois pays leaders que sont l'Arabie Saoudite, les EAU et la Malaisie. Avec la croissance forte des marchés financiers islamiques estimée à près de 2 trillions de dollars en 2015, le marché global du Takaful a connu une hausse de 14 % en 2014 avec un total de 12,3 milliard de dollars. Au niveau mondial, les opérateurs d'Arabie Saoudite comptent pour près de la moitié (48 %) du marché. La Malaisie et l'Indonésie comptent pour près du tiers avec 30 % de parts de marché, suivies par les autres pays du CCG avec 15 %. L'Afrique, l'Asie du

Sud et le Moyen-Orient affichent 7 % des contributions Takaful (graphique ci-dessous) :

Graphique 41 : Parts de marchés Takaful par région (2014)

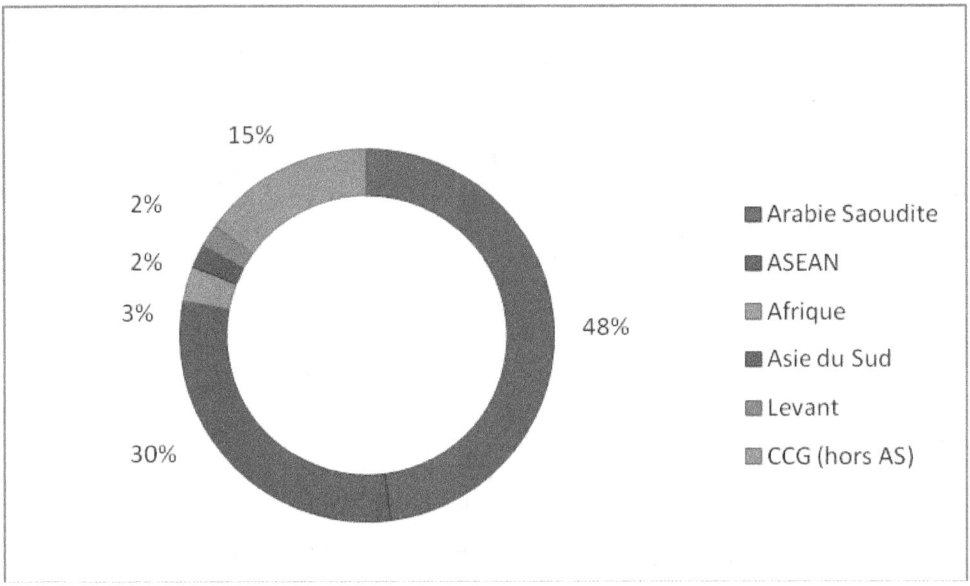

Source : *Middle East Insurance Review*

À l'intérieur des pays du CCG, l'Arabie Saoudite représente 77 % des parts de marché, suivie par les EAU avec 15 %, le Qatar 4 %, Bahreïn et le Koweït avec 2 % chacun. Concernant la région ASEAN (Association of South East Asian Nations), la Malaisie arrive en tête avec 71 % suivie par l'Indonésie avec 23 %.

Malgré une croissance à deux chiffres, le taux de pénétration de l'assurance Takaful dans ces marchés « clés » est généralement faible (2 % en moyenne), indiquant un fort potentiel de croissance. Dans le long terme, étant donné les évolutions économiques et démographiques, des marchés en développement rapide, tels que ceux de la Turquie et de l'Indonésie, offrent de larges leviers de croissance pour l'industrie Takaful à l'échelle internationale (graphique ci-dessous) :

Graphique 42 : Potentiel du marché Takaful (sélection de marchés en croissance rapide)

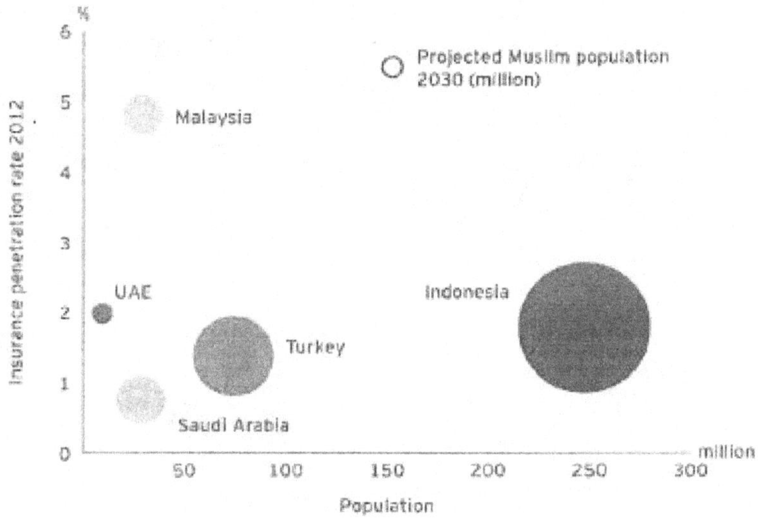

Source : Middle East Insurance Review

Selon les estimations pour 2016 du cabinet d'audit EY, l'industrie Takaful pourrait approcher les 20 milliards de dollars. La part de la Malaisie dans le segment Takaful familial est de 1,4 milliard de dollars avec un modèle réussi et une règlementation claire. Le graphique ci-dessous donne un aperçu sur les projections relatives à l'industrie Takaful au niveau international.

Graphique 43 : Prévisions du marché Takaful sur la période 2010-2016

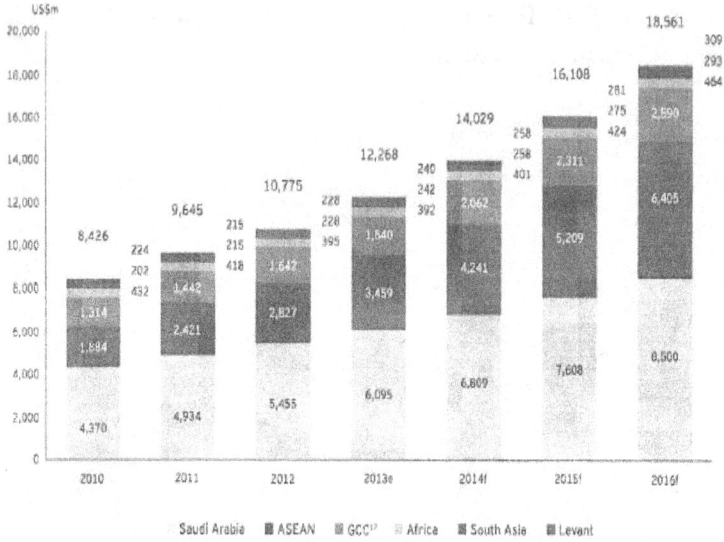

Source : *Middle East Insurance Review*

À l'échelle mondiale, et en particulier dans les marchés à croissance rapide où des masses critiques peuvent être prospectées, l'assurance Takaful peut servir comme une assurance conforme à la *charia basée* sur l'éthique et constitue une alternative crédible à l'assurance conventionnelle. Avec un très fort potentiel d'internationalisation, il est urgent de créer des champions régionaux dans les régions MENA et de l'ASEAN afin de réaliser pleinement le potentiel du marché.

3-Assurance Takaful *versus* assurance conventionnelle

L'assurance commerciale est basée sur des contrats entachés de *gharar*, interdits par la *charia*, dans la mesure où l'assuré lorsqu'il signe le contrat d'assurance n'a aucune idée des sommes qu'il doit verser ou recevoir. Le contrat est basé sur des probabilités d'occurrence des sinistres qui peuvent survenir très tôt, et l'assurance doit alors payer les sinistres. Il se peut également que le sinistre ne survienne jamais ce qui n'empêche pas l'assuré de payer les primes. L'assurance conventionnelle s'assimile ainsi à un pari, avec une part aléatoire excessive dans le contrat sous-jacent (*jahala*).

De son côté, l'opérateur Takaful agit en tant que *wakeel* (agent) ou *moudarib* pour le compte de ses souscripteurs : il ne peut pas réaliser des bénéfices liés à son activité, car les cotisations et les excédents reviennent aux souscripteurs. De son côté, l'assurance conventionnelle contracte pour elle-même : les cotisations et les bénéfices lui reviennent de fait. Concrètement, il existe des différences entre les deux types d'assurance tant au niveau philosophique que technique. Le tableau suivant souligne ces différences :

Tableau 14 : Différences entre l'assurance Takaful et l'assurance conventionnelle

Assurance Takaful	Assurance conventionnelle
Basée sur la coopération mutuelle	Basée uniquement sur des facteurs commerciaux
Libre d'intérêt (*riba*), d'incertitude (*gharar*) et de spéculation (*maysir*)	N'est pas libre d'intérêt, d'incertitude et d'aléas
La contribution payée par les participants est effectuée selon un contrat Tabarru' (don) au fonds Takaful, ce qui aide les autres participants en offrant une protection contre les risques potentiels	Les primes payées par les assurés sont la propriété de la compagnie d'assurance qui supporte en échange les risques des assurés
Chaque opérateur a un Comité *charia*. L'opérateur doit	La compagnie d'assurance doit se conformer à la réglementation en

également se conformer à la réglementation en vigueur	vigueur sans obligation d'avoir un Comité *charia*
Le fonds Takaful est totalement séparé des comptes des actionnaires	La prime payée par l'assuré est considérée comme un revenu pour la société d'assurance et de ce fait appartient aux actionnaires
Chaque surplus du fonds est partagé parmi les seuls souscripteurs. Les bénéfices des investissements sont distribués aux participants et actionnaires sur la base des modèles Moudaraba ou Wakala	Tous les surplus et bénéfices appartiennent aux seuls actionnaires
Tous les fonds sont investis en conformité avec la *charia*	Les fonds sont investis dans tous les types de produits financiers sans restriction
Une assurance Takaful se réassure auprès de compagnies de réassurance Takaful.	Une assurance conventionnelle se réassure auprès de compagnies de réassurance classique

Conclusion générale

Tout au long de cet ouvrage, nous avons mis l'accent sur ce qui est commun à la finance islamique et à la finance conventionnelle sur ce qui les différencie. Il existe des divergences d'ordre philosophique et éthique entre les deux systèmes financiers. En effet, la finance islamique implique la connexion à l'économie réelle et le partage et non le transfert du risque. Toutes les parties impliquées dans une transaction doivent partager les risques et les rendements de manière équitable. De plus, les institutions islamiques doivent avoir des activités qui soient toujours conformes avec la *charia.*

Nous avons présenté dans le détail les *sukuks*, produits « stars » de la finance islamique. L'interdiction de l'intérêt ferme la porte à un titre de dette pure. Mais une obligation liée à la performance d'un actif réel est acceptée. La *charia* accepte en effet un produit financier qui dérive son rendement de la performance d'un actif sous-jacent réel. La forme d'un *sukuk* est très proche de la titrisation (*securitization*) des actifs dans la finance traditionnelle où un *pool* d'actifs conformes est identifié et où des titres sont émis et adossés à ce *pool*. Les *sukuks* reposent sur le concept de monétisation des actifs : les flux de trésorerie générés par un *pool* d'actifs sont distribués de manière régulière et reproduisent ainsi le concept du paiement des coupons.

La demande croissante émanant de la part d'investisseurs à la recherche de produits financiers qui respectent leurs croyances religieuses et leurs principes a encouragé la création progressive de fonds d'investissements qui se plient aux règles de la *charia* en matière de financement et d'investissement. Des indices spécifiques à l'industrie financière islamique ont été créés. Désormais, l'industrie financière islamique est pourvue de la totalité des instruments qui existent dans la finance dite traditionnelle. Les FCP islamiques sont très actifs dans des secteurs variés, allant de l'immobilier aux actions et obligations en passant par le *private equity*. Des processus de filtrage et de purification sont mis en place pour permettre l'intégration des titres financiers dans les portefeuilles des investisseurs domestiques et internationaux.

La question souvent posée était de savoir comment une banque islamique qui ne peut pas facturer d'intérêts peut gagner sa vie et être rentable pour ses actionnaires et ses investisseurs. Nous avons montré qu'elle utilise des contrats de partage des pertes et des profits conformes à la *charia* qui interdisent l'intérêt, mais encouragent le commerce et l'investissement productif par le biais de mécanismes de financement alternatifs. Ce modèle d'intermédiation financière alternatif est encouragé par les institutions internationales. En effet, la directrice du FMI a souligné en novembre 2015, que le modèle de la banque islamique permet *« de réduire les pertes et d'atténuer le risque systémique et la contagion dans le cas d'une crise du secteur bancaire. Le modèle « PPP » permet une meilleure capacité d'absorption des pertes de capital, qui est l'un des objectifs clés de la nouvelle réforme de la réglementation (bancaire) mondiale* ».

Contrairement à l'assurance conventionnelle, l'assurance islamique dite Takaful agit en tant que *wakeel* (agent) pour le compte de ses souscripteurs : l'opérateur ne peut pas réaliser des bénéfices liés à son activité, car les cotisations et tout excédent reviennent aux souscripteurs. De son côté, l'assurance conventionnelle contracte pour elle-même : les cotisations et les bénéfices lui reviennent de fait. Il existe clairement des différences entre les deux types d'assurances tant au niveau technique que philosophique.

L'objectif de la finance islamique est de créer un système financier basé sur l'éthique, la justice sociale et qui assure la stabilité financière en étant économiquement productif. Avec seulement 40 millions de clients pour une population de 1,6 milliard de musulmans à travers le monde, le potentiel de croissance est énorme. Les banques islamiques font face à un vrai problème de liquidité. Cette question a été soulevée par le président de la Banque Islamique de Développement, pour qui le principal obstacle est « *l'absence d'une méga-banque islamique et le manque d'instruments suffisants pour gérer les liquidités d'une manière efficace* ».

Par ailleurs, pour que la finance islamique se développe pleinement, il y a un vrai besoin d'uniformisation des normes et d'amélioration du cadre réglementaire et fiscal afin d'être en ligne avec les objectifs de la *charia*. Des standards internationaux acceptés par tous sont nécessaires pour mieux gérer les risques, réduire les barrières, permettre à l'industrie financière islamique d'atteindre une taille critique en volume et approfondir la liquidité pour les institutions financières islamiques.

Bibliographie

AAOIFI, *Sharia Standards*. P.O. Box 1176, Bahreïn, 2004.

Abdul Rahman (Yahia), *The art of Islamic banking and finance: tools and techniques for community-based banking*, Wiley, 2009.

Al Khawarizmi Group, *Les sukuks : une nouvelle alternative de financement pour le Maroc*, 2012.

Alwi (Syed) et Sultan (Mohamed), *La comptabilité pour les produits financiers islamiques*, De Boeck, collection Le Point sur, 2010.

Archer (Simon) et Rifaat (Abdelkarim), *Islamic finance: the regulatory challenge*, Singapore, Wiley, 2007.

Causse-Broquet (Geneviève), *La finance islamique*, deuxième édition, Revue Banque édition, 2012.

Cheikh Qurradaghi (Ali Mohyeddine), *L'Assurance islamique (Takaful)*, Bayan Editions, 2011.

Dubai International Financial Centre Authority : *DIFC Sukuks Guidebook*, décembre 2009.

El Gamal (Mahmoud), *Finance islamique*, De Boeck, 2010.

Ernst & Young, *World Islamic banking competitiveness report,* 2016.

Hassoune (Anouar), *Sukuks, principes de structuration et opportunités pour les Etats de l'UEMOA*, Moody's, 2010.

IIFM *Sukuk* Report, *A Comprehensive study of the global sukuk market*, 4th Edition, 2015.

International Monetary Fund, *Islamic banks : more resilient to crisis ?* Octobre, 2010.

International Swap and derivatives Association, *Explanatory memorandum relating to the ISDA/IIFM tahawwut master agreement*, mars, 2010.

Khoja (Ezzedine), *La finance islamique*, Documents CIBAFI, 2010.

Krichene (Noureddine), *Islamic capital markets: theory and practices*, Wiley Finance, 2013.

LARIBA Bank: *The RB (riba free) lifestyle*, 2010.

Obiyathulla Ismath (Bacha) et Mirakhor (Abbas), *Islamic capital markets: a comparative approach*, Wiley Finance Series, 2013

Qatar Financial Center Authority, *Cross border taxation of Islamic finance in the MENA Region*, 2013.

Reuters, *Khazanah to launch Malaysia's first social impact bond,* avril, 2015.

Risk Magasine : "Islamic tahawwut master agreement arrives at last'', mars, 2010.

Siddiqi (Mohammad Nejatullah), *Riba, bank interest and the rationale of its prohibition.* Islamic Research Training Institute, Jeddah, 2004.

Standard and Poor's, *Islamic finance outlook*, 2015.

The Economist, ''Sukuks it up : sharia-compliant finance is not broken, but it is dented'', 15 avril 2010.

UK Trade and Investment, *UK excellence in Islamic finance*, 2015.

Usmani (Taqi), *An Introduction to islamic finance.* Idaratul Ma'arif, Karachi, Pakistan, 1990.

Usmani (Taqi), *An introduction to Islamic finance.* Maktaba Ma'arif Al Quran, Karachi, Pakistan, 2002.

World Islamic Insurance Directory, "Global takaful insight", Middle *East Insurance Review*, 2014.

Sites officiels des organisations islamiques :

http://www.cibafi.org

http://www.iirating.com

http://www.aaoifi.com

http://www.ifsb.org

http://www.iifm.net

http://www.oic.org

www.marc.com.my

https://www.zawya.com

Table des matières

L'HARMATTAN ITALIA
Via Degli Artisti 15; 10124 Torino
harmattan.italia@gmail.com

L'HARMATTAN HONGRIE
Könyvesbolt ; Kossuth L. u. 14-16
1053 Budapest

L'HARMATTAN KINSHASA
185, avenue Nyangwe
Commune de Lingwala
Kinshasa, R.D. Congo
(00243) 998697603 ou (00243) 999229662

L'HARMATTAN CONGO
67, av. E. P. Lumumba
Bât. – Congo Pharmacie (Bib. Nat.)
BP2874 Brazzaville
harmattan.congo@yahoo.fr

L'HARMATTAN GUINÉE
Almamya Rue KA 028, en face
du restaurant Le Cèdre
OKB agency BP 3470 Conakry
(00224) 657 20 85 08 / 664 28 91 96
harmattanguinee@yahoo.fr

L'HARMATTAN MALI
Rue 73, Porte 536, Niamakoro,
Cité Unicef, Bamako
Tél. 00 (223) 20205724 / +(223) 76378082
poudiougopaul@yahoo.fr
pp.harmattan@gmail.com

L'HARMATTAN CAMEROUN
BP 11486
Face à la SNI, immeuble Don Bosco
Yaoundé
(00237) 99 76 61 66
harmattancam@yahoo.fr

L'HARMATTAN CÔTE D'IVOIRE
Résidence Karl / cité des arts
Abidjan-Cocody 03 BP 1588 Abidjan 03
(00225) 05 77 87 31
etien_nda@yahoo.fr

L'HARMATTAN BURKINA
Penou Achille Some
Ouagadougou
(+226) 70 26 88 27

L'HARMATTAN SÉNÉGAL
10 VDN en face Mermoz, après le pont de Fann
BP 45034 Dakar Fann
33 825 98 58 / 33 860 9858
senharmattan@gmail.com / senlibraire@gmail.com
www.harmattansenegal.com

L'HARMATTAN BÉNIN
ISOR-BENIN
01 BP 359 COTONOU-RP
Quartier Gbèdjromèdé,
Rue Agbélenco, Lot 1247 I
Tél : 00 229 21 32 53 79
christian_dablaka123@yahoo.fr

Achevé d'imprimer par Corlet Numérique - 14110 Condé-sur-Noireau
N° d'Imprimeur : 130265 - Dépôt légal : juin 2016 - *Imprimé en France*

www.ingramcontent.com/pod-product-compliance
Lightning Source LLC
LaVergne TN
LVHW011021061026
849535LV00006B/2002